アートセラピー事例集

解説は164ページ～

アートセラピストが決めたテーマから受講者が連想して描いた画により、心の内面を引き出していきます。

テーマ-1　後悔を箱に入れるとしたら―1　男性 50代

生まれた場所が殺風景

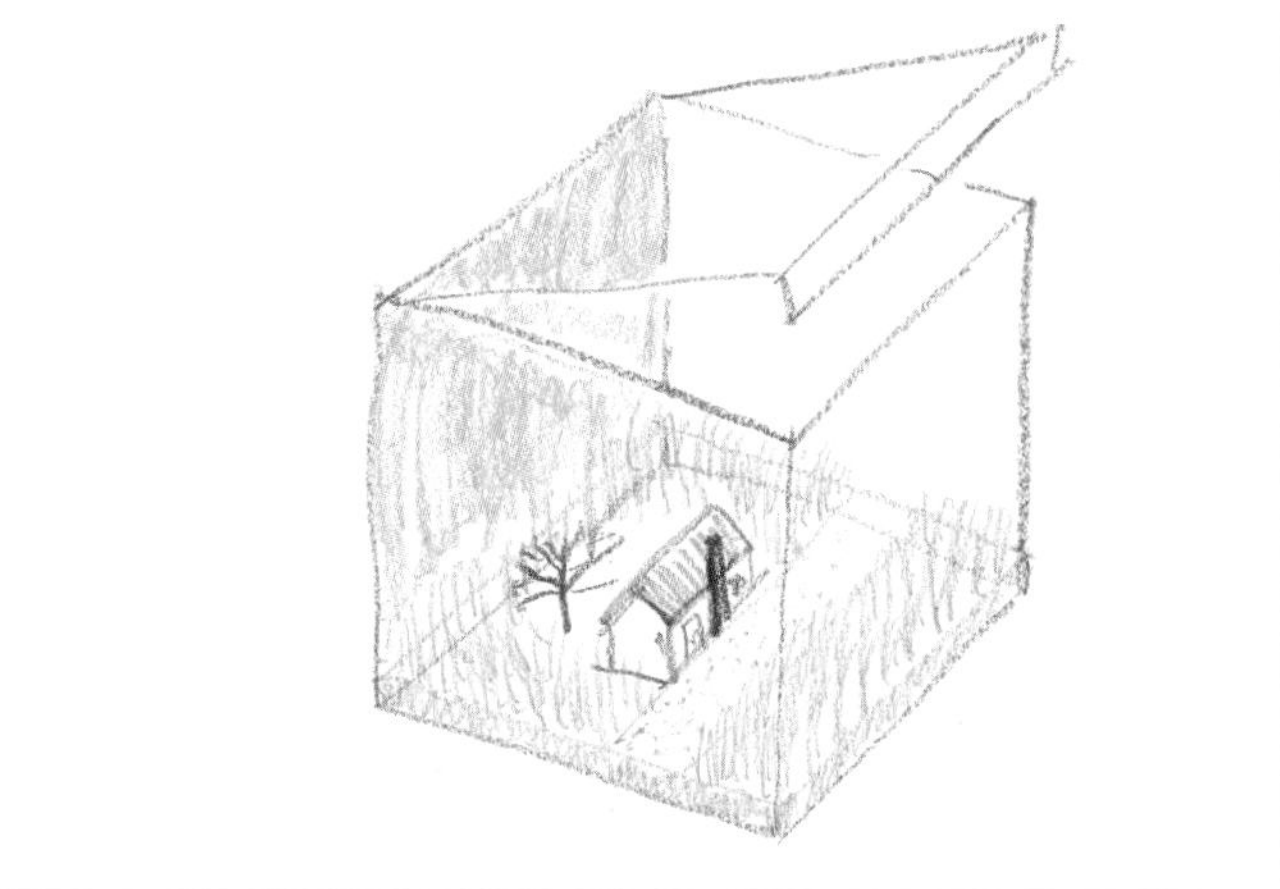

テーマ-2　後悔を箱に入れるとしたら―2　男性 20代

なんか背負っていくような

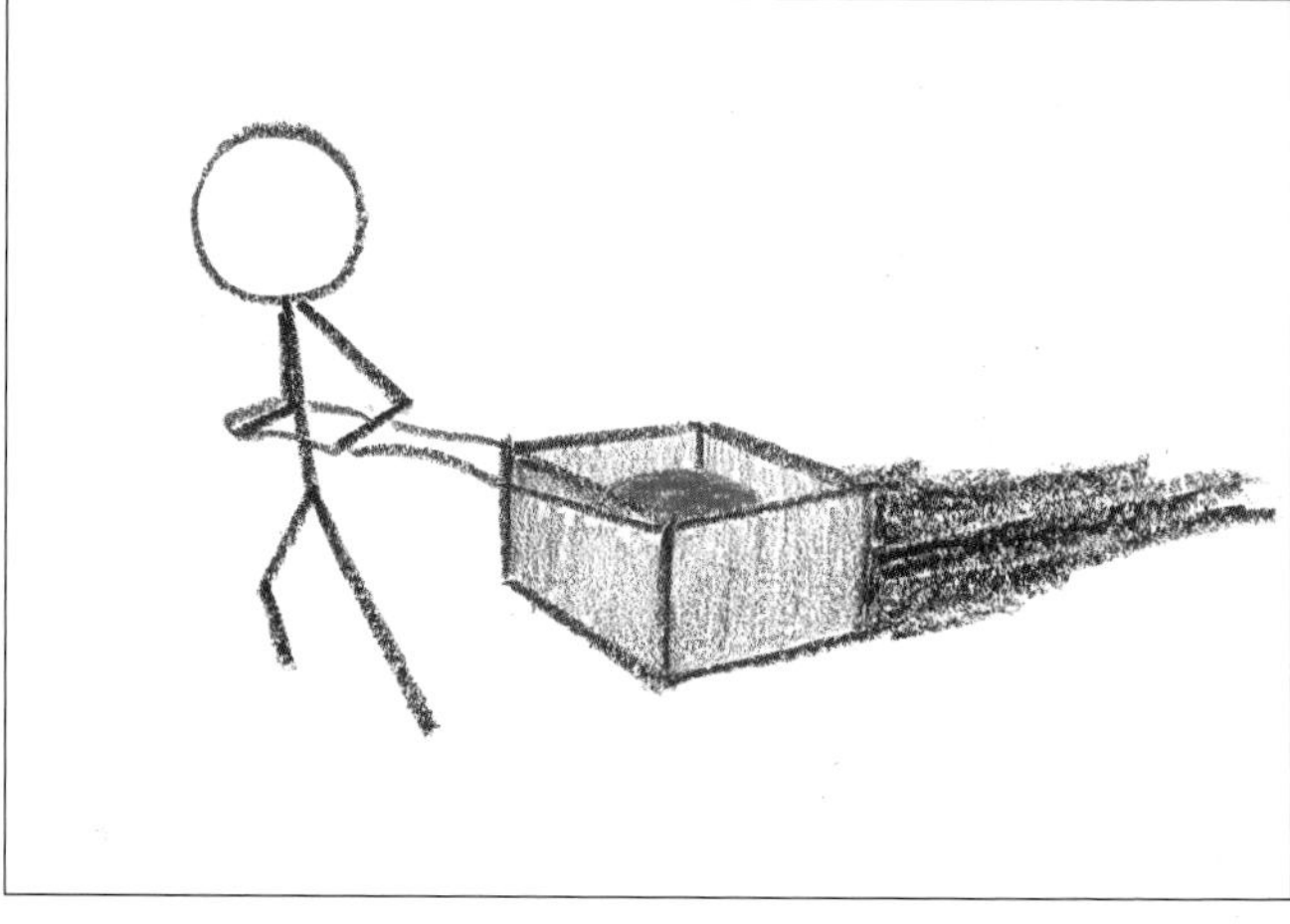

テーマ-3 土下座 女性 50代

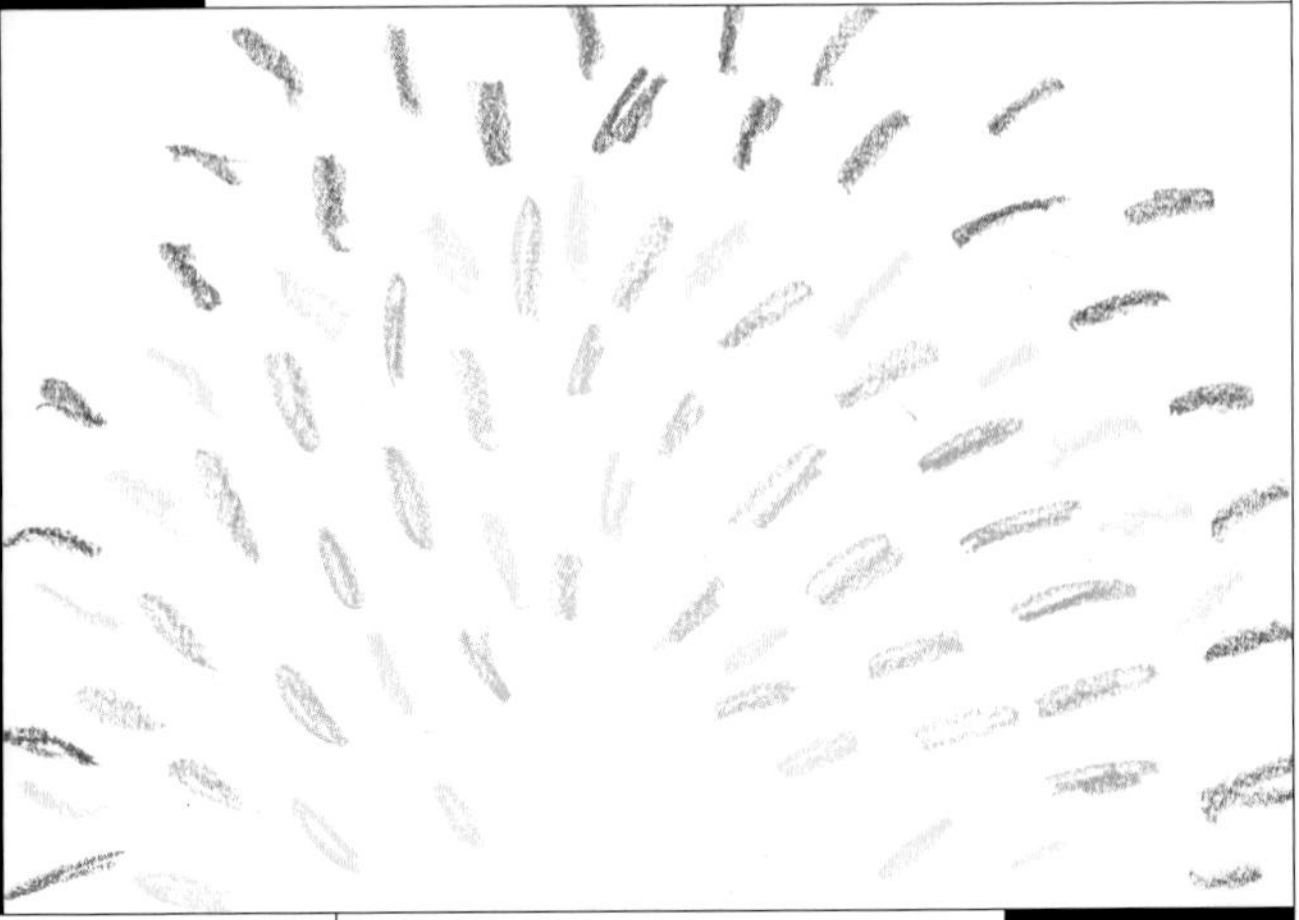

男性 50代 親の嫌なところ テーマ-4

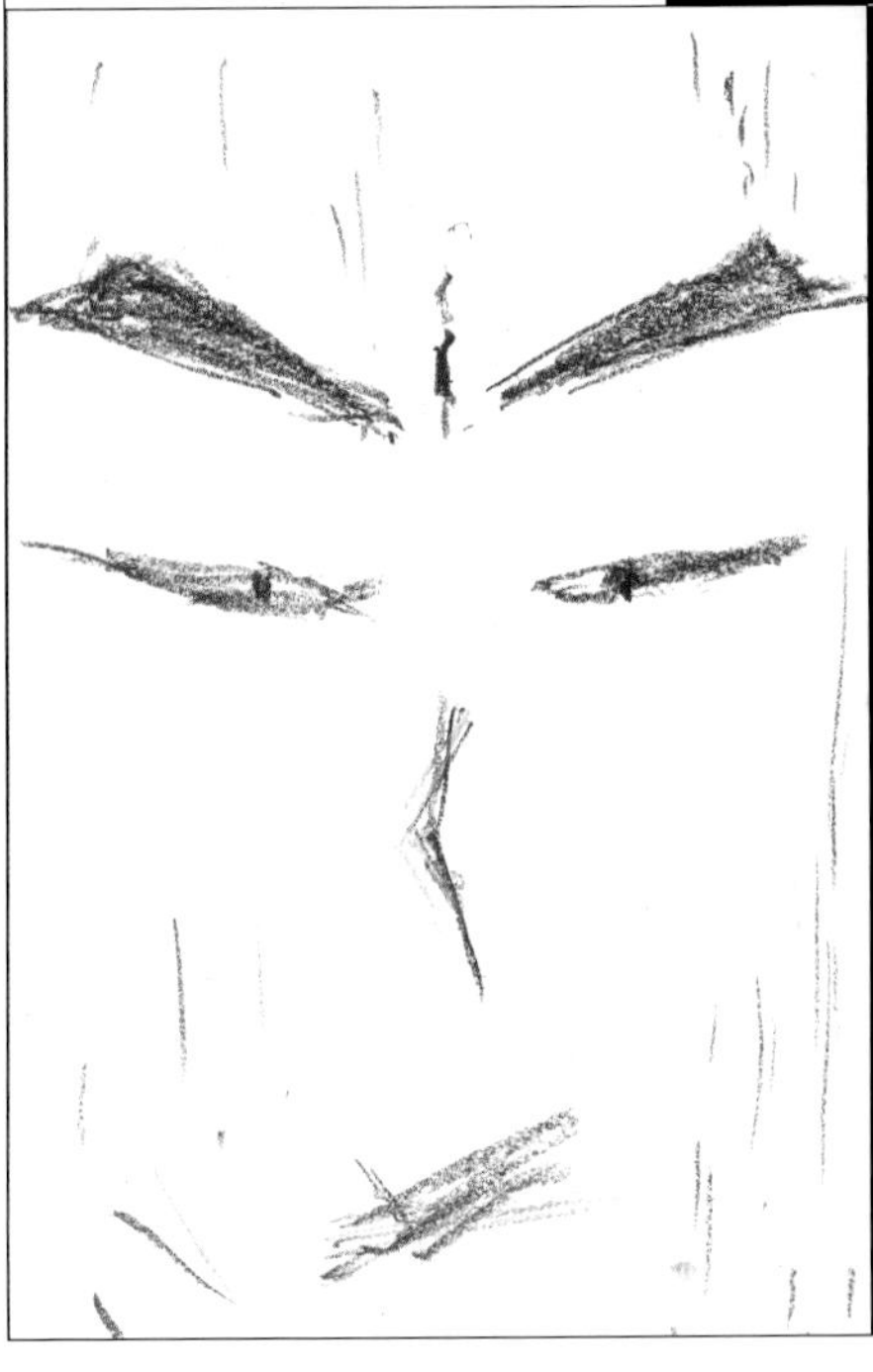

テーマ-5　キッカケ―1　女性 50代

一滴一滴コップにしずくが……

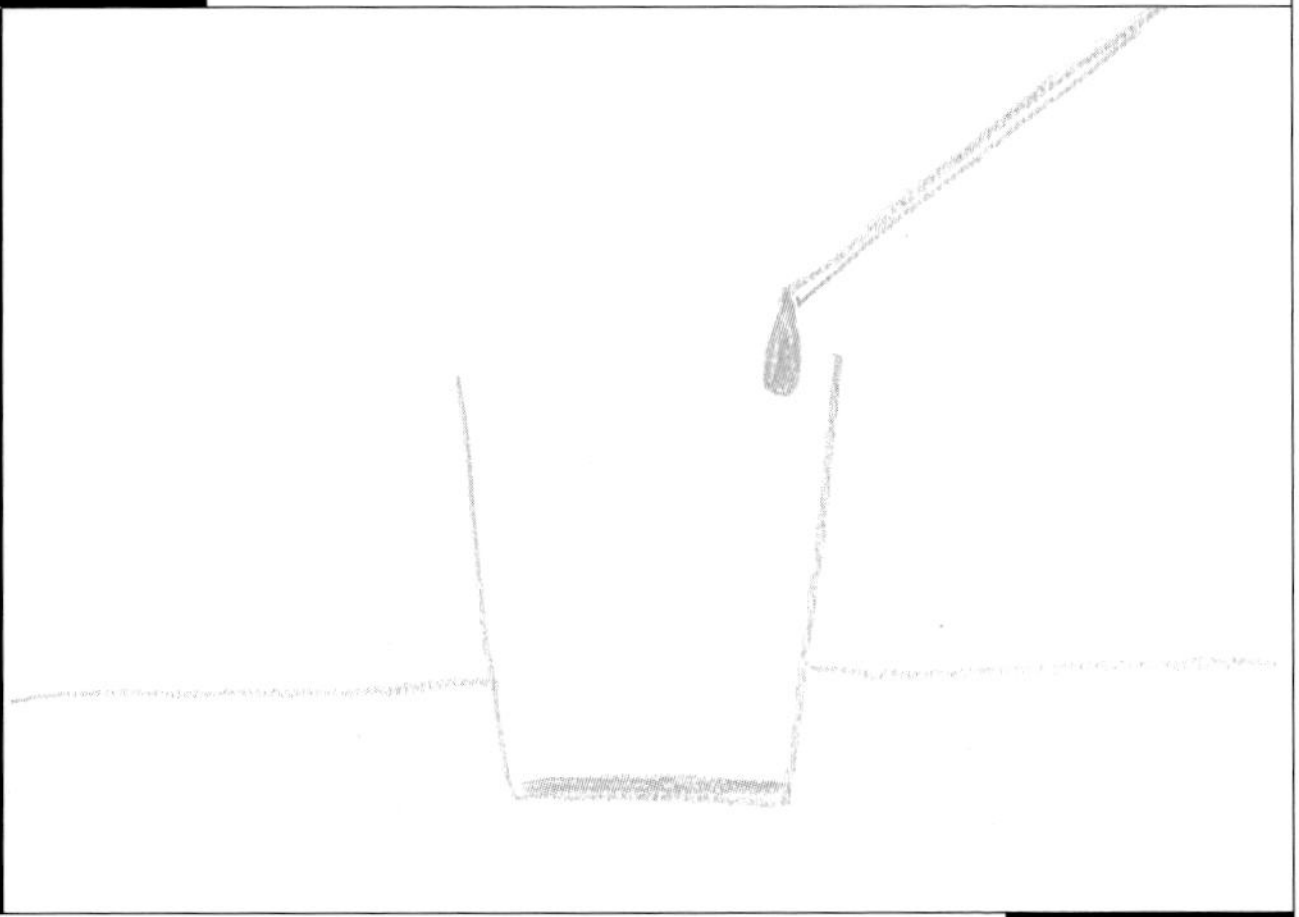

女性 50代　キッカケ―2　テーマ-6

部屋に電球がパッと

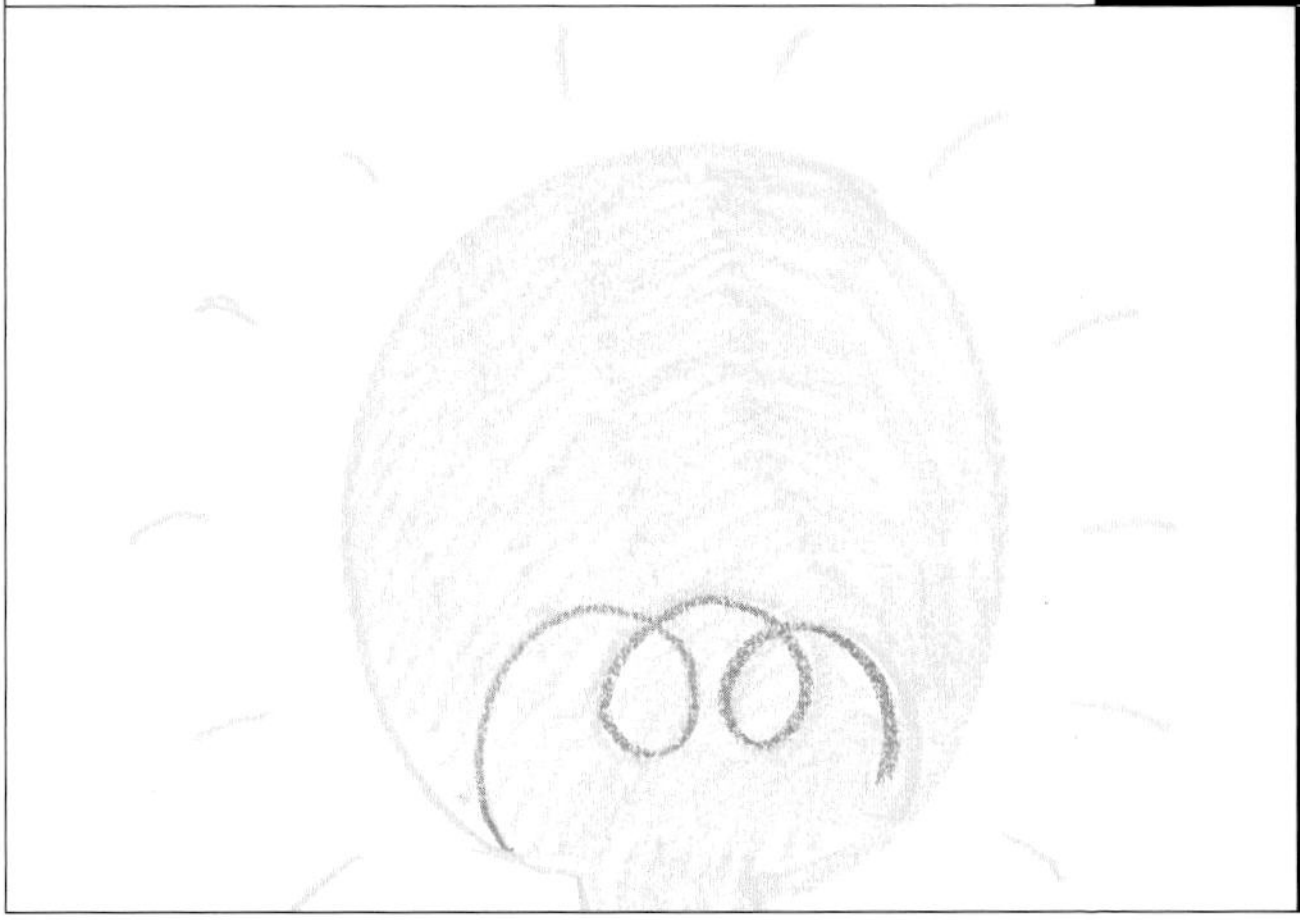

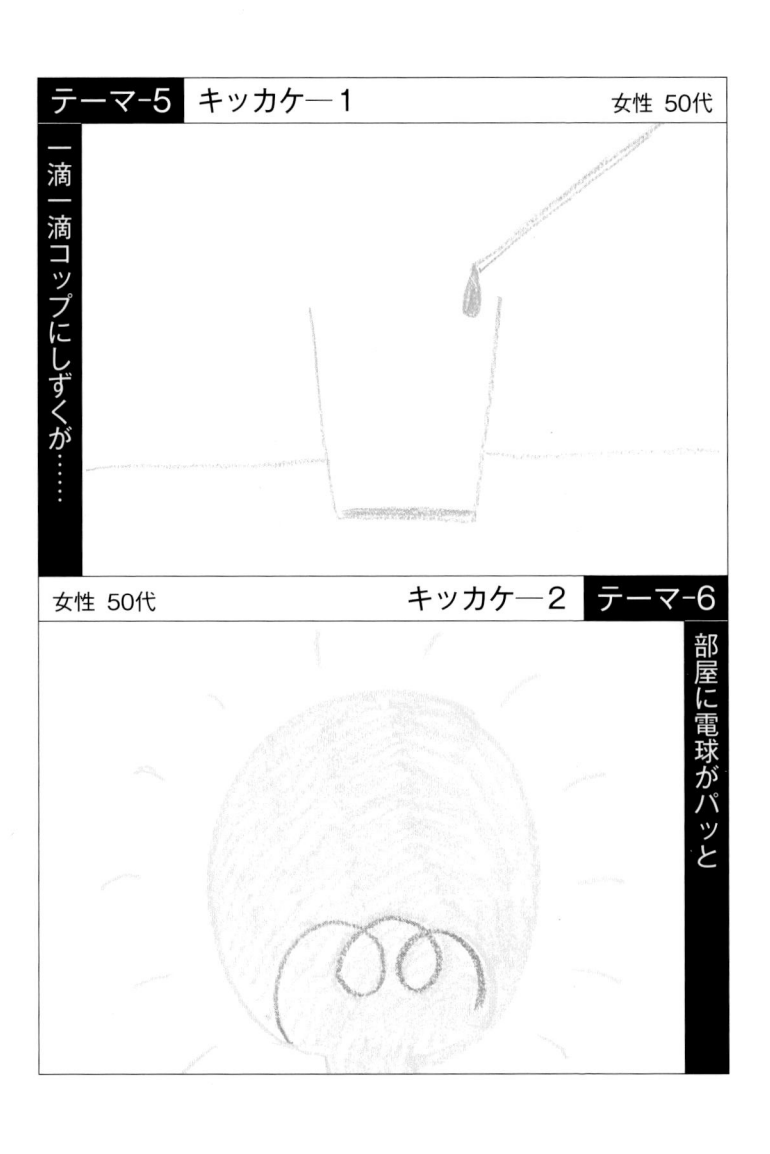

テーマ-7　キャッチボール　女性 50代

弟と父親と

女性 40代　巻き込むと巻き込まれる　テーマ-8

どちらも同じ

クロスメソッド
一人一人が
望む
未来を掴む

黒《くろ》須《す》美《み》枝《え》

アートセラピスト

文芸社

目次

序章——それを「クロスメソッド」と名づける

子供の頃から甘いお菓子より、柿の種が大好きで、変わっているなと自分でも思っていました。一人で行動するのが好きで、集団行動は最低限しかしませんが、同類がいればすぐ分かり、友達になることができました。

女子高の卒業式に、その同類の友達と、ベランダで二時間ほど、黙ったまま過ごし、最後にお互いに描いた絵を交換して別れました。それぞれが新しい環境に進む、それに対して、「これは、これで、さようなら」と、夕日の情景のような、どこか穏やかな気分になったことを覚えています。

幼い頃から、自然の中で遊ぶのは好きでしたが体育は苦手でした。私のように人前で身体を動かすのが嫌な人はいるのではないかと思います（私にとって運動はかなりハイレベルな自己表現です）。同じように、私は絵を描くことが好きでしたが、嫌いな子もいたことでしょう。

ただ、この頃は自分が絵に関わる仕事をすることになるとは思っていませんでした。

大人になれば、納得がいかなくても動かないといけないことがどんどん増えます。自然にできる人も多いでしょうが、私にはできませんでした。しかし、動いた方がいい理由を知れば、少しは嫌いな気持ちも薄らぎます。その動いた方がいい理由を、自分で突き詰めて考えていったところ、自分に欠けていたことは、社会との接点だと分かりました。それを補う努力をしないと破滅すると気づきました。

若い時から社会に繋がってきた人には、馬鹿々々しいことでしょうが、若いうちに結婚し社会に出たことがなかった私にとって、「就職は怖い」という思いがありました。しかし、自分を追い詰めない限り、挑戦はできません。我慢さえすれば主婦でいられましたが、今のままではいけないと思ったのです。そうやって自分で勇気を出し就職したことで、アートセラピーに出会うことができました。

もともと絵が好きだったことが、私をアートセラピーの研究の道へと導いてくれました。やるからには、普通にあることを今更やっても仕方がありません。人がやっていないことをやる、それなら自分流でがんばれると考えました。

今のままでは嫌だという思いが変化への道すじを開きます。自分のしたいことに出会い、初めて自分が惨めだとは思わなくなりました。そして、やっと自分の殻から出ることができました。これまでは、殻を破るために勇気を出すことに苦労していたのですが、今は、人の力を得ながら、よりよい美しいものを創るために努力をしています。苦労の質が変わってきました。自分がどこに行きたいのか分からないような時期には、理解者が不可欠だということを知っておく必要があります。少しでも勇気をもてば、自分を閉じ込める殻を健全に破ることができます。

ただし、自分に起きることすべてに意味づけをしようとすると、とても難解な命題を持ち込むことになります。苦労の意味を考えてばかりの時代は苦しみが続きましたが、そのおかげで様々なことへの対応力がつき、今考える必要があること、ないことを区別する判断力と、人に委ねるという力も備わりました。

年齢を重ねるごとに、アートセラピーから得たものが増えていると実感しています。よ り魅力的な生き方への道しるべを示してくれています。この本では、それを「クロスメソッド」と名づけ、ご紹介します。

今の時代は、何かのきっかけで今の生活環境を失ったら、隣人が去っていきそうな不安があります。一見恵まれているような人でも、抱えている不安を誰にも相談できなかったりします。冬の日陰ではなく、夏のじりじりした太陽のなかにさらされているような不安感です。経済や仕事の不安がすぐ解決することは、なかなかありませんが、まずはできることから始めてみます。

アートセラピーで過去の自分から引き出すことは、未来に大切に繋げるべき自分の「想い」の確認です。幸せへの「心の在り方」の舵を取れるのは自分しかいません。「何も考えていない」と本人が思っていても、一年後には何らかの今とは違う現実が見えてきます。言葉にもできず、気づいてもいない、でも、存在する自分の意識が形となってあらわれてきます。その自覚していない意識を画が見せてくれ、一年後における自分の責任を「今」知ることができます。

少しでも今の自分を受け入れ、ありのままの自分を好きになり、この本が、「一人一人が望む未来を掴む」道しるべとして皆さんのお役に立てればと思います。

第一章　一人一人が望む未来を掴む

スパイラル状にだんだんと進化する

まずは、人生という大きな川をイメージできなければ少しも動きたくない。それは良し悪しではなく自分の本質であり仕事やプライベートでも同様です。

イメージ通りに行動しても。後悔は必ずあります。それを次のイメージ作りに活かして行動して、また反省する。それらがスパイラル状にだんだんと進化し私は少しずつ望む未来を掴んできました。

がんばりたいことがなく、「人は努力して生きる」との言葉も、どこか遠くに聞こえてしまいます。「なぜ、がんばらなくてはいけないのか？」と思うだけで、周囲から違和感を持たれ孤立感を感じたりします。

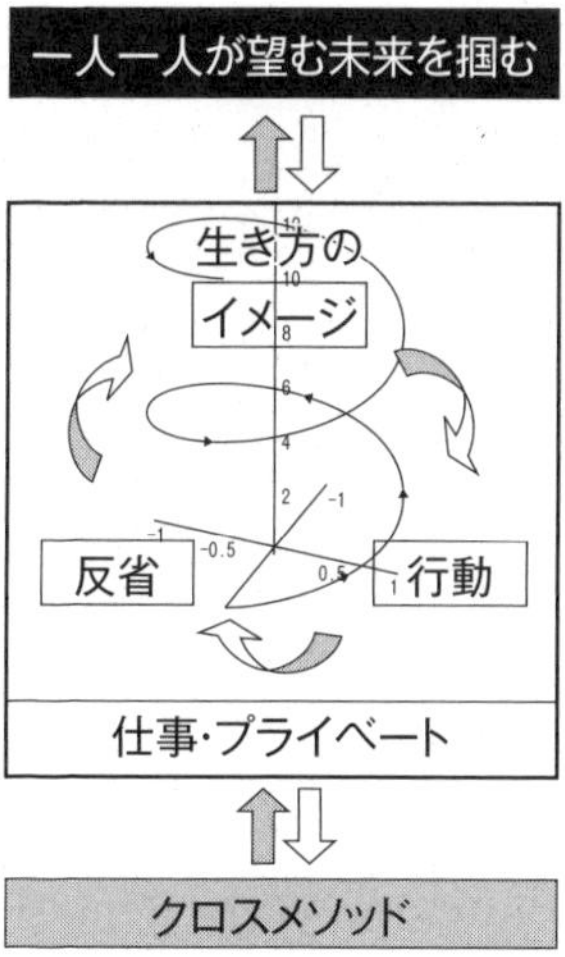

〔図〕スパイラル状に

望む未来をイメージしても会社の方針と違ったり、上司や同僚だけでなく部下とも仕事の姿勢や進め方が合わない。少しでも望む生き方や活かせる職場で働きたいと悩んでも『贅沢』と思われ、解決ができない。家に帰っても安らげない。様々な「ひずみ」が心や身体の弊害の原因になる。それらは職場だけでなく、社会環境全般に及ぶ、大きな問題となっています。

たった一人の私は「自由」もありましたが組織の人達とは違う様々な問題に出会いました。会社設立を後悔もする日々を送っていましたが、理解者や姉夫婦の支援が、投げ出さずに続けていこうという力になりました。それまでの私は傍観者的視点が強くて一生懸命になれませんでした。アートセラピーから紡ぎあげた「クロスメソッド」を実生活で実践することで、穏やかな自信が持ててやっと居場所を見つけ出し、周囲との共存を楽しめるようになりました。

メソッド　I

内面を知って解放、そして変える

いつでも飛べる

人には、もともと「やりたいこと」が沢山ある。それは、がんばって経験を重ねることで「できること」へと変わっていく。

ただ、そうなると、人からは認められるが、「できること」だけの注文が増えていき、経済面ではアップしても、それは「やらなければいけないこと」へと転じる。だからこそ、自分の内面を知って、否定的な感情を解放することが大事である。

いつからでも遅くはない。

❶ ウソが多いと長年の間に自分が嫌になる

(1) 思いがけない幸運は不安という形でいつか帰ってくる

ふと気がつけば誰もが、不安を抱え込む時代になりました。信頼できる本当の友達が欲しくて、いろいろなことをやってみますが、お互いに深入りはしません。平気を装っていても、ちょっとした友人の一言でぶれてしまいます。

一見元気な人もまた内心はイライラしています。一方でこれに簡単な解決策はないということを、そろそろ気づいている人も増えています。

人は窮地の連続によって何とか自分の行くべき方向に気づくことができます。そこから次の決断が生まれ、新たなステージに向かわせてくれます。

①自分にとって、どういう状態が幸せなのかを知る
②まずは、関心のあることを始めて、自分自身を磨く
③磨けば心に余力が生まれ、自力の運だけではなく、人から与えられる運にも気づく

④丸ごと自分でできるものを創ってみる（生産者になる）
⑤心が落ち着けば、あとからお金がついてくる

これらが私のクロスメソッドの核です。過去を見ることで、失敗や嫌な記憶の意味を知ることができます。知らなければ、年齢とともに、見たくない、聞きたくないことが増え、後悔の思いが募ります。徐々に、自分の心を制御できず、自分自身が自分をおびやかす敵になっていきます。穏やかでない心は、他者との繋がりを希薄にしてトラブルを招き、冷静なやる気と無鉄砲な元気さの区別がつかなくなります。

人は不安や不満を波のように繰り返し、大したことではないのに、ある日突然、怒りがこみ上げたりします。それなりの生活ができて満足感もあるはずなのに「なぜなの？」と、自分でも理由が分からないことが起きます。

そんな自分をまた責めたり、周囲のせいにしがちです。

実は楽しい記憶のずっと下に、長年の不満の感情が抑え込まれており、年齢や家族関係や社会背景の変化がきっかけで、今までにないような状況に見舞われると、自身や大切な人達にも、当たり散らしたりします。

その一つの大きな理由は、将来に、幸せ感を感じることができないからです。

すると、「自分は何をしたいのか？」「今まで何をしてきたのだろう？」との思いが日々の仕事や生活を苦しめることになります。急に場違いな発言や自己主張を始める前兆は、周囲の日には、感情のコントロールを見失い、周囲と適応できない人と映ります。

しかしこの前兆を、自分を開発するエネルギーとして役立てることができます。失敗が目についても、興味のあることを追求していけば、心が徐々に関連の情報と智慧で満たされていきます。

偉い人に関われば何かいいこともある、と思った時期もあります。しかし結局地道に、無理せずがんばることが、後悔のない生き方になると確信できました。人に気に入られることに促されると本来の知識の習得がおろそかになります。本人の努力以上の幸運が舞い込むと、時間とともに不安が高まります。

(2)　目に見えない心が、目に見える現実を創る

目に見えない心が、目に見える現実を創っており、それが心に影響しています。トラブルに見舞われた時に、一〇〇パーセント他罰的な人、一〇〇パーセント自罰的な人、無罰的な人もいます（この場では、無罰は説明しません）。

他罰的、自罰的では、現実への関わり方が正反対になります。他罰的な人は、トラブル

の犯人探しにやっきになります。自罰的な人は、自分のあり方が問題を生んだと自らを責め続けます。

他罰的な人は、最後には冷静さを欠き、自罰的な人は、自分の心の檻の中に入ります。成長の過程において、どちらの経験も必要ですが、その両方の体験を通じて自分自身のバランスを知ることが重要です。

自罰的な人は、全てが、自分のせいではないということが理解できれば、救われていきます。どれほどがんばっても、自分ではない他の事情によっても、トラブルは起きるということを理解できれば、心の檻から飛び立つことができます。

しかし他罰的な人は、自分の心を見ようとはしないために、同じ苦しみを繰り返し、よりひどい現実をつくり出すことがあります。

現実は、様々な人の心がより合わさって、目に見える形を生みだしており、一人一人の責任が問われます。心のあり方という責任がないとしたら、人はロボットになります。どこかで見た石碑に「乱の中に静あり、静の中に乱あり」という言葉がありました。絶対的な乱も静もなく、自らの中にある心の乱と静に向き合います。時には、その比率が変化します。

今までの価値観で不具合が生じた時、それが乱のエネルギーとなり自分を攪乱したり、もしくは過剰な静となり、うつ的になります。

　しかし、それは年齢によって変化をする心と身体の新たな習慣を、無意識に自分が求めているからです。その時に他罰に向かえば、過去の価値観から抜け出せず、自分への嫌悪感が増していきます。

　さなぎが蝶になる時、その形は消えます。その成長の過程において一時的に起きるマイナスにだけ捉われると、蝶にはなれません。

　他罰も、行き過ぎた自罰にしても、もし大自然という大いなる存在が見たとしたら、そういう人間たちを見て沈黙することでしょう。行き過ぎた自罰も現実が自分の心だけで創られている思う意味で傲慢さがあります。

　他者との共生が現実であり、自分の心だけで成り立っていると思うことは、人の助けを否定することになります。

　自分に合わないことからの否定から、自分を表現して合う人と出合っていくことへと共生は変化します。

❷ あなたならではの「創造性」は、困難の側にある

(1) 自分の顔は一生、直視できない

苦しい人生というと、味わった悲惨な体験にとらわれがちです。しかし一見穏やかに見える人でも人間関係を重荷と感じていることがあります。

また、どれほど華やかな経歴でも、苦労が成長に繋がることが理解できていなければ、他人が思うほど、本人に幸せ感がなかったりします。

他人といる時と一人で過ごす時の気分が違い過ぎる場合は、自分の心の中で、それらの気分を交流させていく必要があります。

自分の顔は、一生自分の目で直接見ることはできず、鏡に映し出して初めて見ることができます。

心も画を描くことで、画用紙に自分の心が映しだされ、自分の本当の、気づいていない無意識の心の声を、静かに自分で聞くことができます。

「怒り」は、誰もが嫌というほど体験しますが、人により、蓄積する「石タイプ」、ぱっ

と噴き上げる「噴火タイプ」など、様々です。

それぞれ、特有の対人関係の失敗を繰り返します。「怒り」のテーマで画を描いてもらうと、ぱっと「怒る」身体感覚、あるいは石のように固まる身体感覚が、記憶の引き出しから呼び出され、無意識のうちに、内面の意識を描き出します。「自分の怒り」を知ることで、初めて必要な心の要求が理解できます。

「噴火型」の画から、読み取れることは「自分勝手」「人の言うことを聞いていない」「感情の冷静な蓄積が弱い」などです。

自分の内面を知る目的は、目の前の困難に気づき、自分で自分を変えていく生き方を自覚するためです。困難は成長の糧だと明確に認識することが、その後の人生を変えてくれます。

仕事がうまくいかない理由は本人の責任だけではありませんが、本人ができることから一歩一歩前に歩み出す、という認識と勇気を持つべきです。

〔テーマ：怒り〕
怒っている時は、こんな顔

〔テーマ怒り〕やかん・火山

いいリーダーとは人にいろいろと気づかせてくれる人です。気づく社員を増やすことで、全体の無駄な気苦労を減らすことができます。

セラピストが何を幸せと思っているのか、これは、暗黙のうちに、無意識に体験者に伝わります。幸せは、十人十色で自由ですが、人が共存して生きているには何か共通の価値観があります。

自分の買った掃除機と友達のそれのメーカーが違えば、友達から使い方を聞く人はいません。自分でカタログを見て使っていきます。

人は、性格も育ちもそれぞれ固有です。友達の幸せ感がそのまま自分にあてはまるわけではありません。

自分にいいような幸せへの道を歩むには、自分の内面を知ることから始まります。

そして知れば知るほど、もっといろんなことが知りたくなり、それに重要なヒントは、家族や友達や職場といった社会に溢れています。

(2) 心のエネルギーの使い方

人は「心のエネルギー」という土壌を持っています。

現実と協調できない時代に、どうすれば生活ができるのか？　それは多くの人にとって最も大きなテーマであり、それを何とかできた人のみが、起業家やアーティストなど何かを成し遂げています。

仕事は楽しいものでない、苦しいのが当たり前という価値観は、もう終焉となる気がしています。なぜなら苦しいだけだと、健康と命を損なう恐れがあるからです。収入が落ちても、待遇が変わっても、自分のエネルギーの使い方と幸せの両立を図るべき時代です。お金と健康を分離して考えるのは、あまりに無謀です。

従来の価値観を持つ人達と、それに違和感を抱える人達の両者が、相手の立場に立って健全な方法と方向に向かえた時、新たな社会を支える力となれます。

いろいろなことが思い通りにいかない時、自らのせいだと自己否定するか？　他者のせいと、他者否定するか？　そういった二者択一の感情が強すぎると健康を害するのではと私は考えています。何かあっても穏やかでいられる冷静さを身に付けることが、良い人との縁を持続させます。

病は気からと言いますが、そういった間違ったエネルギーの使い方をすると、それが病気になる原因となることがあります。重病から治癒した人から、「考え方が変わって人に感謝をするようになった」という声が多く聞かれますが、それは偶然ではないと思います。

また、もし病気になったとしても、そこから、なぜ、そうなったかの健全な検証から得た、反省点を繰り返さない生き方が、次の展開を健全にしてくれます。

いつでもどこでも大小問わず、人生には分岐点があるものです。

(3) 惨めさをさらけ出し変身できない人は不幸せ

「けがれ」のテーマの画は、特に女性にとって人生の転機と関連しています。

①描く
②自分自身の「既知」の確認
③同時に自分の気づかなかった面に気づく
④抑圧されていた自分の解放

人間関係において、否定的なこだわりが年齢とともに減少してくれれば、それが自分を大事にしている証しです。

「けがれる」ことは、成長のプロセスで、多くの女性に必ず訪れます。それまで可愛かった、裏表のない自分が、何かをきっかけに思ってもみない言動を行った時、それを抱え込めず、ずっと押し殺している時、それらからの解放が、自分の抑圧をほどいてくれます。

例えば、好きな男性が他の女性を好きだと知った時、その女性が変な男性と付き合っていると、愛する男性に告げ口をしてしまうことがあったとしたら、そういう罪の意識から、いずれは解放される必要があります。

次の段階の自分に出会いたい時、「けがれた」体験は、人には暗く見え、消したい記憶でしょうが、本人の成長にとっては、重要です。

今は、人生において最初から、クリアすべきハードルが用意されています。他者を見ると、同じ年齢の人達がそのハードルをすでにクリアしているように思え、焦ってしまいます。そのハードルの意味もあまり考えず、適応することに必死になりがちです。

「恥ずかしい」とは、平均的な周囲の言動と少しずれている時に、感じるものです。ささやかなことでも、そんな体験を繰り返すことで、かえって自分の考えや思いがはっきりとしてきます。

小さな恥ずかしいことを体験することで、自分はどういうことを本当に恥ずかしいと思うのかが特定できるようになります。例えば、自身が経済的に不安があると、とても恥ずかしいと思うタイプなら、それなりに安定した企業などから簡単に転職をしようとは思わないはずです。

あの時に思いきって人に相談していれば、と後悔したこともあるでしょう。小さな恥ずかしいことを人に話す習慣を身につけることで、本当に重要な問題が起きた時に、適切な人への相談ができ、自身を支えてくれます。力強く生きていくには、その時にすべきことを、たとえみっともなくてもできるかどうかが分岐点になります。

大道を見失わないためにも恥ずかしいことへの免疫をつけることが、先に進まなくてはいけない時の勇気になり、それが自身を守る力になります。

❸ 不要なこだわりを手放す時期

(1) 苦しい体験があなたにその意味を語りかける

苦しかった体験を人に話したり、画を描いて外に「出す」ことは黒い感情の塊を排出するというイメージです。描いた画のあまりのおどろおどろしさに本人が驚くことがあります。

一枚目は机に前かがみになり、一心に描きますが、日を変えて何枚も描くうちに、描いては上体を机から離し、また描くという、客観的に眺める動作が増えてきます。

そして徐々に一枚目の画とは違う、人が見ても明るい感じの画へと変化していきます。

心の中のしこりが、画用紙に映しだされていくかのようです。濃い対立的な色を使うことに関心がなくなり、楽しみながら色を選びます。まるでカサブタが取れて健康な皮膚が生まれてくる様子に似ており、嫌なことがあるとやみくもに気分が悪くなる状況から抜け出し感情が自由になっていきます。

女性の場合、例えばAさんに失恋した時の声の周波数のようなものが心身に記憶され、新たに出会ったBさんと会っている時にも、何かをきっかけに、Aさんとの別れた時の感情に襲われたりします。

「Aさんとは、もう関係ない」と考えても、その周波数のような何かに囚《とら》われ、また失恋を繰り返しやすくなります。

直観力に優れた女性であれば理解できる体験です。画を描くことで、刻まれたような周波数があたかも身体から離れていくように感じられます。

気分として軽やかになったと感じるだけではなく、画の変化により実感できます。相手の言葉だけではなく、その場の匂いや室内のインテリアの様子などいろんなことが混ざった圧迫感は、言葉では人に伝えにくいものですが、画に描くことで他者と共有することができます。

子供の頃のトラブルが大きなトラウマになるのは、理屈がまだ分からない時期に、大人の周波数が、無防備な心身に投げられるからだと私は考えています。言葉だけでは、深い部分での共有は難しいものです。自分への理解が進むにつれて、本人自身が「話しかけにくい」雰囲気から「話しかけやすい」雰囲気へと変化していきます。

黒い感情の塊は自分で生み出したものであり、ただ破棄するのではなく、今後どのように心の成長のための素材として活用するかを本人に語りかけてきます。

塊は表現しなければ消えることはなく、年齢とともに、より硬くなっていきます。子供の心と身体は柔らかいと言われていますが、年齢が高くなるということは、その逆の方向に進むことがあります。柔軟性の質の高さは、幼い子のように無邪気な柔らかさではなく、自分と他者を幸せにする生き方から生まれます。心身が硬くなれば大地に鍬を入れるようなことが、つまり心のストレッチが重要です。触れてはいけない話題がある人には、対話を無意識に拒否するといった頑なな表情が垣間見えます。

中高年の方が「心の健康なんていまさら」と言われますが、年齢とともにそのツケが自分と家族にいってしまう怖さを理解されていないのが残念です。

たとえ身体が病気であっても、人と出かけることの楽しさ、貴重さにいつ気がつくのか？　その時期は一人一人の選択に任されています。

他者の心に無神経に生きても、人生の意味が違わないとしたら、それは努力が無意味であるということと同じです。

(2) 本音を話すと自分の感情に変化が起きる

時代の影響で私達は、不安が引き金になり、他の不安とリンクして、悩みが慢性化しています。そんなアンバランスな状態を回復するには、「待つこと」です。不安は、それ自体が本人を衝動的に動かすエネルギーを持ちます。そのエネルギーが無意識に動くと、トラブルが起きます。

「急がば回れ」も「待つこと」も、性急ではなく自分以外の考えを取り入れる時間が必要だということです。危険を察知すると、身体は無意識にそれを避けるように、心も、不安を切り捨てるために、反射的な行動を起こします。

しかし、それが思ってもいない困難を呼び寄せてしまうことがあります。

とっさに反応せず、エネルギーが、自分にとって好意的な結果になるレベルに落ち着くまで、「待つ」ことです。「無意識な反応に気づくこと」と「待つこと」のセンスは重要です。性急な反応を生まれつきと考えるのか？　変えようとするのか？　で、人生は大きく変わってきます。現在は自らが幸せに向かってどう歩むべきかを気づかせてくれる便利な環境が整備されています。

「待つ」時間を持つことで考えに深みができて、選んだ方向に躊躇なく進むことができます。不安な時、その事実を受け入れ今までの自分の人生に添わせるには、「待つ」という時間が必要です。

不安を心に置けないと、焦って無理な解決へと突っ走っていきます。

問題が起きた時の対応には二つのパターンがあり、一つは、日頃から自己分析と状況分析を行い、予測能力や問題の回避能力を培っていくことです。

二つ目は、問題に慣れ、鈍感になっていくことです。鈍感になれば、他者の忠告も聞かず、行き着くところまでいってしまいます。

「待つこと」ができる能力とは、問題が起きた時に振り返るパワーがあり、自分だけでは解決しないと冷静に判断ができることです。

会社の上司との相性が悪く、かといって辞められない多くの人は、病気という方向に無意識のうちに向かってしまうことがあります。若い時から嫌なことに遭遇すると体調が悪くなる人は、そうならないように改善を図りますが、それでも無理であれば、一時でもそこを離れる勇気が必要です。

小さなことでも後悔を重ねながら生きていると、大きな問題が起きた時に、その問題を乗り越える自信がないために、それがより大きくなります。

怒る、泣くことで、人をコントロールしようとしても、自分のそんな感情が通用する相手は、現実にはなかなかいません。感情を俯瞰すれば、アンバランスな感情の行きつく先を予測できるようになります。

予測は問題発生を回避する準備に役立ちます。ただ、目に見える事象以外に人知を超えた力が働いています。予測とは、あくまで自分の経験の範囲で推測することであり、予測する力を得ることで、かえって人知を超える不可知の力を感じるようになり、謙虚さや周囲への感謝の気持ちを自然に身に付けることができます。

人は、いいことを伝える相手以上に、マイナスの話を伝えられる相手が必要です。人に馬鹿にされたくないと思うと、本音を話せません。いい子になり過ぎる人の苦しさは、負の話を伝える人がいないことです。

人に本音を話すことで、自分の感情に変化が起きます。本音を話せず自分の中に抱え込んだままでいると、どんどん苦しくなることに、ふと気づくことができます。

人は、本来は気が弱く、このままではいけない、と思いつつ、いつしかその状況に流されていきます。意識的に何かを始めることが、救いになっていきます。変えていくという言い方とともに、本来の力に気づくともいえます。

(3)　無知が幸せを遠ざける

離婚に対して、まだ決意ができていない段階では、心の中で相手への罵詈雑言や悲しみが続きます。それは、まだ自分の心の中に相手が存在しているために、必死に追いだそうとするプロセスか、もしくは、やはり離婚はやめようと思う、相反する感情の葛藤があるからです。そこを過ぎると、相手が自分の心にいない風景がやっと見えてきます。相手への非難が残った未来ではなく、新しい自分へのイメージがつかめれば、心が穏やかになっていきます。

これは病気においてもそうですが、病気になった自分を何か許せずにいる未来と、それはそれとして受け止め、これからの自分の可能性を積極的に考えていけば、心が楽になっていきます。

私の苦労が分かるか！　と言う人がいますが、他人は、それを推し量ることはできても、そのもの自体の理解は難しいものです。「俺の苦労が分かるか」などの、言葉を発し続ける人は他者の苦労は案外と分からないことが多く、解決のための対話は進展しません。「お互いを理解する」ということは本当に難しく、まずは、人にこう思われたいという感情を踏まえつつ、自分を理解することから始まります。

個性が大事だという時代になって、どのくらいがたったのでしょうか。個性とは実は外見や職業ではなく、自分の考えや感情が基盤になっています。

しかしお互いの違いを一〇〇パーセント認め、相互に安心感を持つことは、簡単にはできません。それが難しいことを分かっているかどうかの方が重要です。

分かった上で理解を進めていくことが、現実を少しでも進展させます。トータルな知性というのは、特に人間関係の積み重ねから培われます。

自分の心に関心が無いという無知が、幸せを遠ざけ、いい意味での心の逃げ場さえも見失っていきます。

世の中を知れば知るほど、楽しめなくなる。そんな多くの人達が、心の病を引き起こしています。自分が楽しめない理由が複雑過ぎるからです。個性的であればあるほど様々な人との交流が重要です。自分の分かってもらえない個性がエゴに走るか、人との共存に向かうか、その選択は後者に向かうべきです。

頑固な人とは、人のアドバイスを聞かない人です。

生まれつき物事の内面を深く重視する人は、一つ一つの問題に真正面から立ち向かうため、その前進に時間がかかります。

一見同じに見えても、若い桜と古い桜の花びらは違います。古い桜は、花びら一片一片に意志があるようです。若い木の桜は、元気でさわやかですが、「智慧」のようなものは感じません。人の中には若い時から古い木のような深いセンサーを持つ人がいます。そんな人は他人の期待に添うことと、自分の求める現実が（特に若い時代には）、折り合わないことが多いものですが、焦らないことが大事です。

もともと心のパワーが強いと苦労も多くなります。様々なことを受け入れて我慢しがちです。そんな人がパワーを使いこなすには、気兼ねなく対話ができる、やはり強い相手が必要です。

自分の心のパワーが強いので、周囲だけでなく、自身とのバランスをとるにも時間がかかりますが、いずれは周囲も認める時がやって来ます。

メソッド Ⅱ

他者と自分を見つめ共存

いつでも飛べる

人は自分より美しく豊かで地位が高いものに惹かれ、時には嫉妬する。

そこから自由になれるのはただ一つだけ。

生きる上で集中する対象があり、自分なりの健全な賢さを育み続けることである。

❶ 他者と自分の本音から幸せが一体化する

(1) 「納得したふり」を話せる他者が必要

人はなぜウソをつくのか、一つには、叱られるからです。叱られると分かっていて本当のことは話しにくいものです。叱られるのも仕方ないと分かっているならいいのですが、場合によってそれは相手の資質にもよるということです。

車をきれいにしていないと叱りそうになる父親と、もうきれいにしてあるとウソを言い出す子供がいます。「掃除したか」に、つい「はい」と答えます。「まだ」だと答えると、すぐ掃除しろと言われかねず、子供は他のことで忙しかったりもするのでウソをつきます。自分の都合で、相手に、特に立場の弱い人にウソをいわせてしまわないかの慎重さが必要です。

人によって優先順位が違いますが、これが縦社会だと、上の言う通りにすることが求められます。言われた本人はそれを優先すべきことだとは感じていない、でも言われる通りにする、こんな会社での出来事が、上司にはそのつもりがなくても、本人にとってはパワハラと感じます。

仕事は、自分の考えが通ることのほうが少ないものです。納得をしていなくても、「わかりました」と言うしかありません。本人としては、妥協をして「はい」と言ってしまい、不満が募っています。

仕事以外で職場の人との付き合いがあった時代には、そんな思いを誰かに伝える機会もあったでしょうが、今は難しくなっています。でも、私達は次第に、みんなが思ういい子の方が、得をすることを身体で覚えていきます。

「納得したふり」をしていることを伝えられる他者が必要です。

本音が言いたくて、友達をつくったり、趣味のサークルに入ったりしますが、そこでも、同じようなことが起きます。給料をもらう職場という環境では、その傾向は高くなります。数年先にほころびが見えそうな計画でも、誰もその不安を口に出せません。

一概に言えませんが、飲み会というのは、みんなが少しずつ抱えている不安を、勢いで、目先の「やる気」に多少無理に繋げていく場のような気がしています。会社でトラブルが起きた時、「晴天の霹靂」と思う人より「やっぱり、いつかはこうなる」と思う人の方が多勢なのではないでしょうか？

若い人が飲み会や社内旅行に行きたがらないのは、一つには、中高年よりもっと自己防衛のためのウソが多いのかも知れません。一泊という状況の中、それを人に知られたくないのです。

ただ、ここまでは、本人も「建て前」と「本音」が違うこと、それでバランスが取れていることが実感できています。しかし、より実力が問われる状況になってくると、深く人と関わる力が必要です。意見を求められ、相手を説得できる力も実力の一つです。でも長年、本音を出さないことで適応しており、気がつくと、本人が「何をしたい人間なんだろう」と悩み始めます。ウソに閉じ込められていて、自分に雲がかかっているような状態です。

(2) 感情もデジタルのようにある程度は論理的に

今の時代は仕事で専門的な部分だけができれば、安定感のある人間性がなくても、評価されることもあります。

しかし、ここ数年来言われていることは「コミュニケーション能力」の重要性です。物づくりから、企画や、アイデアによって、利益を生み出す産業が主流になってきました。コミュニケーションというのは、お互いの異なる意見を調整して、限られた時間の中で、一つの最善策をつくるプロセスです。

いい意味でのビジネス的な妥協点が必要になります。また、会議中は地位という上下関係がなくなることもあります。人に非難されないための「適応」とは種類が違います。

「いい子、いい人」が、今さら、本音を話しても、周囲も本気では取り合いません。

新しい商品を開発する際、対話を通じてアイデアやヒントが生み出されます。自己主張という本音と、他者との異なる意見調整が必要です。対話というプロセス自体が、アイデアの誕生に欠かせません。

私達は人に干渉されたくないばかりに、人の言うことに合わせて生活をしている傾向が強くなっています。でも合わせているつもりが、実は自分に主導権はなく、相手に握られていることがあります。

考えを伝える言葉を持たない自分がだんだん嫌いになっていきます。本音を言って、人から怒られたりしている人を野暮ったいと考えていたのに、そんな人を羨ましく思ったりします。

まずは本音を家族に言うことで、その言い方、自分の希望を上手に伝える方法が身に付いていきます。コミュニケーション能力は、何気ない家庭生活からすでに始まっています。

家庭で、ある程度練習ができなかった人は、職場という環境では、より対人関係に迷うことになります。

ＡＩは、細かな情報で成り立っており、関わる人間の感情がアバウトでは使いこなすことは困難になります。

矛盾しますが、感情もデジタルのようにある程度論理的でなければ、今後の社会とかみ合っていきません。その大元が、自分にウソをつかないことです。

ウソのデータを自分の心に言い聞かせることで、ウソの対人関係を生み出してしまいます。何をしても楽しめず、自分の殻に閉じこもることになり、自分をどんどん嫌いになっていきます。


また、そうなった人は、厄介な存在となり、同じようなタイプばかりと関わることにもなります。まずは、小さなウソをやめることから、自分を信頼する力が芽生えてきます。

一方、仕事において専門的なスキルのみ追求する傾向があります。

その結果、家庭での衣食住の労働から心が離れすぎ、手のつけられない危うい人になることがあります。

(3)　自分への手綱を緩める

人の心は複雑であり、心が晴れない状態は、様々な要因がからまっていて、言葉にするのは難しいものです。

例えば「Aさんはいい人だけれど、自分は彼に不満がある」「姑はいい人だけれど不満がある」などと人に話すと、感謝の思いが足りないと批判されたりします。

でも本人がそう思っているのですから、事実です。

それを言葉で人に伝えても、聞いた人は理解しにくいものです。しかし、画に描くと、感謝もしつつ不満がある本人の心が、他人にも受け入れやすくなります。

落ち込んだ状態でも、画は描くことができます。しゃべりたくなればしゃべる。描くうちに本人も気づかなかった内面が浮かび上がってきます。

①上手くいかないことを人のせいにしていた
②問題は自分にあると思えるようになった
③でも全部が自分の問題でもないことが分かった
④自分への手綱を緩める方法を知った

表現には段階があります、他者否定、自己否定、これらをある程度、見極めた上で、のびのび生きてみようという解放感が生まれてきます。

このプロセスにおいても、描く回数には充分に時間をかけるべきです。悩みだけをフォーカスするのではなく、同時進行で好奇心を引き出し、その両方をイメージしてもらうことが大事です。行き詰まる人は、このいい意味での「心の散らかし」が下手です。画を描くと問題の原因が徐々に明確になっていきます。食欲がない→食事を作りたくない→夫との関係が良くない→自分はいったい何がしたいのだろう？　こうして、最近、食欲がなくなった奥にある、本当の原因に気づくことができます。

自分の生活全体に霧がかかっているような時には、自分の不安の原因を特定したくない気分になりますが、現状維持のまま行き着く結果に事前に気づき、それを変えてゆくアクションを起こすことが大切です。

周囲との違和感がずっと続く場合、それをエネルギーに変えてプロの画家や作家になる人がいます。私は、「心の違和感」により、既存の社会にある仕事との協調が難しかったため、他者の制約を極力受けずに心身のエネルギーを表現できる絵画などのアートに興味を持ちました。

違和感や想いが強い人ほど、いろいろな意味で面白い画を描きます。

私達が展覧会で見る絵画は、その思いが画家によって怜悧《れいり》に客観視され、絵の意図が明確であり、「私のアートセラピー」の画とは違います。画家の絵は、一見混沌としていても、眺める側とは一種の距離感を持ち、見る側に与える力が計算されています。「私のアートセラピー」の画は、自分の内側をストレートに描いたもので、原動力となるエネルギーは同じでも、画から受講者の気づかなかった無意識の感情を知ることが目的であり、その意図が異なっています。

社会との協調が難しかった私が、「私のアートセラピー」を通じて描くことで協調する面白さを知ることができました。

(4)　人に合わせ過ぎない賢さを学ぶ

人に適応できないストレスがありますが、合わせ過ぎることでのストレスは、もっと多くなります。人に合わせることで得られるメリットも見えにくいものです。

夫に家事の手伝いを頼んでも面倒なことになるので、女性がほとんどを担いがちです。それでも、何らかのメリットを感じている間はいいですが、だんだんと何もしない夫に嫌悪感さえ覚えてきます。

若い人は飲みについてこないという中高年がいますが、メリットが感じられないからだと思えます。いつもより高い店に連れていってくれるとか、ためになる話を聞けるとかが、あるでしょうか。かなりの情報をスマホで得られる時代に、いつもの店で、相変わらずの自慢話ばかり、人間的な魅力も感じない人と過ごす。決して目先の損得を言っているわけではありませんが、何らかのメリットがない限り、つまらない時間です。

同じように嫁にも、姑に合わせ過ぎない賢さが必要です。

自分が絶対に正しいと思うこと自体が人を傷つけることがあります。そこには、お互いの間に余裕がなく、どちらかが不承不承、相手に合わせるしかないからです。

相手が、間違っていると断定すると、相手の発信能力を奪い、その自由な言動を断つことになり、家庭内で粗雑なエネルギーが増えていきます。

それを回避する考え方の一つは、「相手が絶対に正しいとは思わないけれど、これに関しては相手の言うことも分かる」と、相手の立場に立って思うことです。

相手が自分の思い通りになった時、それは錯覚であり、相手は、ただ我慢しただけという場合もあります。そういう場合はあとになって必ず相手から怒りが噴出します。

多様な情報に触れ、物事の見方が広がると、親しかった人との価値観の相違も起きてきます。現実から学ぶ人は、同じ生活パターンを繰り返している人とは疎遠になることもあります。思考レベルが変わるとよりごまかしのない本質的な生き方を選択し始め、悩んでばかりいると、いい人が去っていく、一緒にいて楽しい人同士だけが親しくなる、といった事実に気づきます。

個性的に自立した者同士は、お互いが相手の考え方を尊重し、幸せな未来像を共有し、実践していきます。

❷ 前兆に気づけば「未来」は幸せへと向かう

(1) 前兆に気づける人になる

長い人生において、自分のことだけを考えてもいい時期から、他者にも注意を向けていく時期へ移行する段階が訪れます。特に心理的に近くにいる他者の心身の健康は、自分の安定した運命と深く繋がっています。自分のことに精一杯で、他者とは表面的な関係しかなければ、思ってもいない問題が起きた時に、相談する相手が見つからないことが、あります。

目に見える必要なことのみでの関係を続けている人は、年齢とともに孤立していきます。

よく会う人、仕事関係の人、趣味関係の人、めったに会わないけれど信頼がある人、などの複数のコミュニティに関わることで、自分のあり方や心のバランスが壊れた時、そんな自分に気づきやすくしてくれます。

心に余裕があれば、自分だけではなく他者の何らかの異変の前兆も感じ取れます。「何か変」、これは、人への関心があってこそ感じる力です。

生涯をそれなりに健全に過ごすには、セキュリティとしての役目を果たしてくれる、緩やかな人との縁が不可欠です。ゼロか百ではなく、五〇パーセントや六〇パーセントでの確率で近未来に起きそうなことを前兆として捉える力が、自分の安全を守ります。

本人のみかけは以前と同じでも、描いた画にえっと思うような意外性が出てきたら、それは何らかの異変の兆候となります。

気づいたことを伝えやすくするのも、日頃からの関係です。いい年齢になっても、自分のことだけに特化して生きていれば、両親が年老いていくことにも気づかず、結果、病気や介護が必要になっても、「今一番忙しい時期なのに困る」などと言いがちです。

そして自身が高齢になって、初めて後悔が生まれます。心身の健康が重要なのは、多少の余裕がなければ他者への気づきが生まれないことです。

他者との緩やかな繋がりを持ちながら、自発的に関係を一歩深められる人が前兆に気づき、未来を変えていけます。

不安と不満の急激な解放は危ういもので、すぐにはできません。短期間で「もう悩まない自分」を目指すことは、またしても新たな自分との行き違いを引き起こすことがあるからです。

自分の心とは、時間をかけて徐々に向き合っていくことです。

まず、ファーストステップとして、「いい感情」と「悪い感情」と思い込んでいることを、あるがままに受け入れるプロセスが最も重要であり、「自分は何をしたいのか分からない」という無意識の感情と、生活という現実を繋げるには、忍耐と、自分はこうなりたいという分かりやすい目標も必要です。

今とは違う自分への思いと現実との融合は困難だと思い、否定し続けると、ある日、現実が牙を剥いてきます。

自分を知るにつれ、トータルで飾らない自分への理解が生まれ、できることから生活の質を高める行動力に繋がり、不機嫌になる無駄がなくなります。気づきと細やかな行動で昨日より少しでも今日は楽になるということが固有の知恵を生み出します。

自分が望まない感情のままでは、いつも不満なために他者の心の自由を束縛し、いつしか孤立していきます。抑えられてきた過去の感情の再現や、苦手だった人への反発に向かうのではなく、自分を俯瞰し、そこからまだ見ぬ新しい感覚を持った自分に出会うことが、新時代の生き方です。

次の成長の前兆として「私って自分勝手なのでは」という感情が起きやすくなりますが、必ずと言っていいほど、本人の求める「新しい価値」が一緒に歩んでいます。

(2) 想定外にも備えて普通に生きる

人は、トラブルや病気になって初めて、「普通」であることの価値に気がつきます。「普通」であるということは、実は「心が暴走しない」「コンプレックスにさいなまれていない」「生涯の友と言える人がいる」など、心の面から言えば、とてもレベルの高い状態です。

誰もが分かりやすい感情として「怒り、憎しみ、嫉妬」と「悲しみ、気力がない、あきらめ」といった両極を持っています。

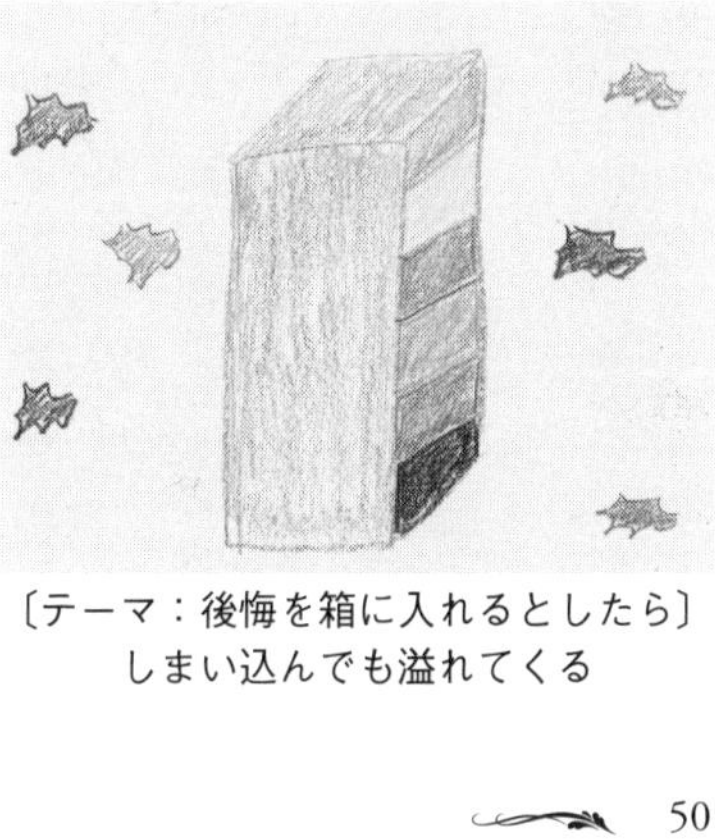

〔テーマ：後悔を箱に入れるとしたら〕
しまい込んでも溢れてくる

前者は、画でいえば「火」、後者は「水」として表現されやすいものです。普通であるということは、日々起きるこの感情のバランスを自ら取ろうとして会得した心境を言います。「平坦な意味での普通」ではなく、自分の経験から、「火」と「水」の両極を理解し、それが対立した感情ではなく、一対であることを理解する必要があります。

「普通」の状態は、無意識に生まれるものではなく、自分の幸せとは何か、自分とはどういう人間なのかを知ろうとすることで、育まれます。

その心の「溜め」が、いざという時に、冷静さを生みだしてくれます。それは単に人がいい、とか、大らかといった単純なものではなく、自分が自分であるために、必要な時には、言うべきことが言える、決断できる力です。

昔であれば、対話の相手は、せいぜい親戚か近所の人か会社の人くらいです。今は、行こうと思えば学校も病院も会社もどこへでも行けます。常日頃は、会わない人達との出会いが格段に増えた今、求められる能力も高くなっています。遠方の人、近くの人、この両方に、それなりに繋がる円満で魅力的な対話能力が必要です。何気ない会話にもその人の生き方が伝わります。言葉選びが大事です。

心の質を高めるのに、重要なことは、人間関係において「リスク」と「責任」を持つことです。それにより生まれた「溜めからの心の余力」が大難を小難にします。

万一の時のことを考えた人間関係が、温かみのある健全な「普通」を育みます。平時とそうでない時では、人の意識は異なります。

ある意味、これからの時代は、平時でない時の心構えで平時を過ごすことが求められます。

それは、日々の密度を濃くし、人間関係から曇りを取り除きます。

社会の安定とは、不安定を想定して作られるように、個人も将来に起き得る不安を、ある程度は考えて生きることが求められています。

社会的な評価より、自己が思う評価はずっと消えることなく、自分の人生に必要な、モノ、コト、他者との共存が必要なことが理解できます。

自分を知ることとの大きな効果は、「委ねる」力に出会えることです。

火「縦糸（怒り・情熱）」と水「横糸（悲しみ・穏やかさ）」によって象徴される感情によって、織られた織物がそれぞれの人生と言えます。実際の絨毯も、単純な色合わせの物から、複雑な色合わせの物があります。

他者に委ねる感覚は自分に訴えかける「心の声」へと繋がります。選択肢の増えた「今」だからこそ、「自分の心」を知ることが大きな守りとなります。「ピンチ」の状況下では、その場に関わっている人達の感情が高ぶっています。だからこそ、日頃から深く考えて試行錯誤している人であれば、その状態を変化のチャンスとして捉えることができます。高ぶった感情は反転しやすい状態にあります。

(3) 何を話すかより、誰と話すか？

人生の転機は、急に訪れることもあれば、練りに練って自ら起こす場合もあります。練った場合も、「その時」はとても衝動的です。

ずっと旅に出たいと思い、いろんな場所を調べつつ数年も経ってしまいました。でもある時、突然電車に乗って旅立つような気がします。なぜか、すがすがしく、でも後悔もあり、自己責任が増えたような、南風ではなく、北風の応援を受けているような気分です。今までとは違ったふうに世界が見えてきます。

人生の様々な転機のあとには、かえってスピードがつき判断力が高まります。大事なことは、転機後に怠けないことで、また地道に努力を続けることで、次の転機への準備が始まります。次の転機までの目標を見いだせないと、自分が望む、明るい健康的な生き方を手に入れることができません。

自身がイライラしている時に、落ち着いた時間を送っている人とさり気ない出会いがあると、その後の人生に影響します。素直な人は、そんな出会いに恵まれています。多少妥協しても、人との融合点を作れる力が内面の力です。人は必ず死を迎え、その時に穏やかな記憶を持っていたいと思うはずです。穏やかとは人を愛し、愛された記憶から生まれます。

人を愛するとは、言い換えれば、そばにいる人のリスクも背負う覚悟がいります。自分を守ることは人を守ることであり、守る力は突然に得られるものではなく、日々自分を知ろうとすることにより育まれます。そばに甘やかさせ過ぎない人がいてくれることも大事です。

健康な長生きとは、過去の経験や記憶を資産として、小さなことでも新たな役割を自らが周囲や社会に提案していくことです。

今、時代を動かしている大きな力の方向が、目に見えて変わり、従来の価値観にこだわればこだわるほど、様々な衝突が増えてきます。柔軟性の高い世界へ行きたいとの思いが、強くなっています。それは、今までの価値観とは違っていて、多様な自分に出会いたいという強い意思です。

ごく普通の山に入ってみると、見たことのない鉱石や花があったり、それをお互いに共有したいという感覚が生まれます。

しかし、どう共有したらよいのかが、分からないのが現状です。

異性が同じ職場で働く場合、新たな女性の性、男性の性が育たないととてもストレスが高くなります。自由は、心の領域に入り始め、異性への友情、同性への信頼感を、成長のために生み出したいという潜在意識が芽生えます。この領域への挑戦を男性の凋落と考える人がいれば、男性が単純に強く見える社会への後退が始まるのではないでしょうか？

人は、他人の中で評価されることも大事です。例えば自分一人で絵を描いて感動することが基本ですが、人からの好き嫌いを含めた評価も必要です。大勢からの評価を貰い、嬉しいと感じる人もいれば、自分が尊敬する、もしくは素敵だと思う人からの評価を、必要とする人もいます。何を話すかより、誰と話すかで、自分から引き出されることが変化します。

〔テーマ：リラックス〕一人で自然の中で

誰もが「疲れている」時代であり、本来のリラックスとは緊張のあとに身体全体に訪れる自然な感覚です。仕事と睡眠の間にある、心の安らぎに満ちた「起きているけれど寝ているような」状態です。だったら、いっそ寝てしまえばいいのですが、「意識はあるけれど安らぐ」状態であり睡眠とは違います。

少し前なら、あまり無かった時間の過ごし方です。仕事のストレスを抱えたまま家に帰ると、もっとストレスが高くなります。仕事から家に帰っても心はハイテンションのままなので、イライラしやすく、ささいな一言でも家族とトラブルを起こしがちです。

マッサージは、身体への物理的な癒しだけではありません。セラピストとの何気ない会話によって、心のとげが穏やかになっていきます。生活とは直接関係のない第三者との対話で、気分が落ち着いていきます。

❸ 感情はマモノ、飲み込まれないための美しい生活

(1) 情を欲しがると一生負ける

愛と思っていることが、案外、情であることが多いものです。自分より地位の高い人からお酒に誘われたりすると、自分が社内で認められたと思うことがあり、自己承認に繋がっていったりします。私達が高級品（その価値がもちろんありますが）や偉い人からの言葉を喜ぶのは、自分が社内ではこのレベルに達していると思える基準になるからです。

私達は内心、偉い人からの褒め言葉や誘いを嬉しく感じます。反面、惨めさを忌み嫌うのは、自分達にもそれがあるのではと思うからです。

情を愛と勘違いしていることは多く、偉い人から声がかからなくなると、やっぱり自分はダメな人間だと思い落ち込んでいく場合もあります。

ビジネスにおける成功者の特徴に、自分のコンプレックスを素直に取り入れ、他者の意見を受け入れて、その人なりの努力ができるということが多く見受けられます。

貧しい家に育ち成功した人は、お金持ちの家柄の女性と結婚するなど、とても具体的な行動の選択ができます。自分の家系をずっと否定したり逆に良い家柄を否定する方向は、不幸せな感情のラインに乗ることです。そんな情から自由になるには、本当の自信を育むことです。目先の情を欲しがると、一生心が楽しめないという意味で負け続けることになります。

生まれた家庭や育った家庭へのこだわりの比率を減らしていく努力が必要です。五〇歳を過ぎても出身大学の話ばかりする人や、自分が貧しい家庭に育ったからと卑下するばかりの人は、もう成長が止まっています。コンプレックスを踏まえつつ、自分にできることをたんたんと提案して、それを人にたんたんと渡していくこと、それが愛だと思います。

「分をわきまえる」とは、一見いいことに聞こえますが、自分と同質、異質のどちらにもなじめていません。思い切りなじめず、心が分裂状態にもなります。今とは違う思い切ったことをしない限り、自分が願う生き方ができません。

病気ではなくてもストレスの高い人は、清流ではなく濁流の風景に共感します。「人間」というテーマでは、黒い顔の目鼻のない人を描いたりします。

この状態になると、その辺を歩く普通の顔の人からも、同様のイメージを受け取ってしまいます。誰もが持っている暗い要素を、凝縮して真っ暗として感じます。一歩出た世界は、真っ黒の顔の人ばかりだと感じます。これは落ち込んでいけば誰しもが、なり得る状態です。

例えば、良い商品のデザインは、人に共通の幸せ感で成り立っている面があります。ある形は、ある精神性を象徴しています。

そこに共感が生まれ、商品が売れる可能性が高くなります。

個性と社会性、この両方の価値観が求められる時代であり、特に女性にとって重要です。「私はこう思う」という価値観をアウトプットし、でも、それはこういうの理由で無理、といった自身とのやり取りが、自分の生き方をより魅力的にし、周囲からも喜ばれます。

なりたい自分になるためには、自分の個性と社会性を一致させることです。自分の感情を放任すると、年齢とともに仕事はやり難くなります。男性のうわべのちやほやに、うっかり乗ってしまわないことも大事です。異性として気を使い過ぎる職場環境というのは、とても先進国的とは思えません。

自分の現実的なスキルアップには、男性並みの経験が必要です。とても重要なポイントで「男に任せろ」では、大事な資質が崩れていきます。

(2) 自分の心が混乱すると人への攻撃に向かう

人は、自分の心の背景で、親や祖先、地域、学校といった多くの目に見えない糸と繋がっています。あそこの学校の生徒や、こっちの会社の社員に各々何らかの共通性があるように見えることがあります。これは、無意識のうちに、属する組織が本人に深い影響を与えているからです。

夫が嫌になれば、育てたその親まで憎くなることがあります。「坊主憎けれぱ袈裟まで憎い」という諺がありますが、そんな短絡的な感情に走らず、冷静に分析して、慎重に行動することが、大事です。

無意識に、その家系が持っている不幸せへの傾向に染まっていくことがあります。休みに夫の実家に行きたくないのは、夫の嫌な傾向をそこで濃く感じることが影響しています。

正反対の性格のご夫婦は、無意識に自分の家系を含めた欠点を是正したいという思いがります。しかし、二人で努力しても是正できるケースは少なく、かえって反発してしまい、生まれ持った血を一層濃くします。

その人の欠点は家庭環境が悪かったというだけの考え方は危険です。欠点を自覚しないで直そうともせず、生活が上手くいかない責任の多くは本人にあります。それに気づかないで、親や学校や社会のせいにしていたら、また同じことを繰り返してしまい、良い人が誰も周りにいなくなります。

利休の言葉に「花は野にあるように活け（ものの表現は本質を知って簡潔に）」というのがあります。

人生もその人の表現であると考えれば、本質を知る必要があります。自分の心が混乱すると人への攻撃に向かいますが、それは膨大な感情の蓄積であり、単純なことでは解決できません。仕事とは、本来そんな幸せへの階段を上る場であるべきと私は思いますが、現実は利益優先で、かえってバランスが取りにくく、とても危ういと思います。

自立で大事なことは、「私と目の前にいる貴方」との関係です。抽象的な関係ではなく、目の前にいる人との情報交換が大事で、それは、幸せに関してお互いが責任を持つことです。元気な時に本質を伝え合うことは、将来の不安を軽減させ、病気でいえば予防といえます。

人が本来持っている心身の受信機は、ある年齢に達すると増やすことが難しくなります。若い時には道の先に光が見えていたはずなのに、どんどん暗闇が濃くなっていきます。自分では気づいていない、攻撃的な感情や悲観的な感情を受け入れてくれる人が徐々に周囲からいなくなっていきます。

もし、受け入れてくれる人がいたとしたら、それは同類です。感情は自分で正当化できるだけに、自己制御の訓練が必要です。

リラックスとは内部から訪れ、それはよく歩いたあとに、自然に訪れる安らぎ感のようであって、最初から安らぎを目的とするものでもありません。

傷ついたことを隠して押し込めている人も、開き直った人も、いい人と縁を結ぶことができません。自分の反応を変える気がないので、相手からのアドバイスを聞き入れる余裕がない、心の遊びがないために嫌な同類しか集まってきません。自分の心の傷に、他人が触れた瞬間に切れる人もいます。心をオープンにするということは、傷ついたことをオープンにすることです。陰がある人が好きという人がいますが、どんなものでしょう。

誰でも、日常でイライラすることがあると、「改善」したいと思うはずです。そのイライラの理由の一つが親だとしたら、過去を責めるのではなく、反面教師として幸せに向かうための一番重要な情報として捉えることです。

(3) 良くしたいという結論を持って相手に働きかける

本来身体はとても合理的にできています。バランスの良い生き方を支えています。そのバランスを見失うと、精密に働くことができません。

良い苦労とは、自分を大切にしつつ社会的な適応能力を高めるためにあります。それを高めることは、自分の存在をより周囲に認識させ、説得力を持つ自分に進化させ続けます。

心を病んでいる状態というのは、記憶や体験が苦しいことばかりに占有され、自分の「こうありたい」というイメージを持てない状態です。

苦しいことに頭が占領され、他のことができなくなる状態は思考依存ともいえます。不安が強いのに「ヒマすぎる」状態は、ある意味最悪です。

旅行に行くためには情報が必要なように、行動にはイメージ、つまり「絵に描いた餅」が必要です。その餅は楽しい未来に続く青写真か？　自分の嫌なところ、立地

〔テーマ：怒り〕怒ると全身が緊張する

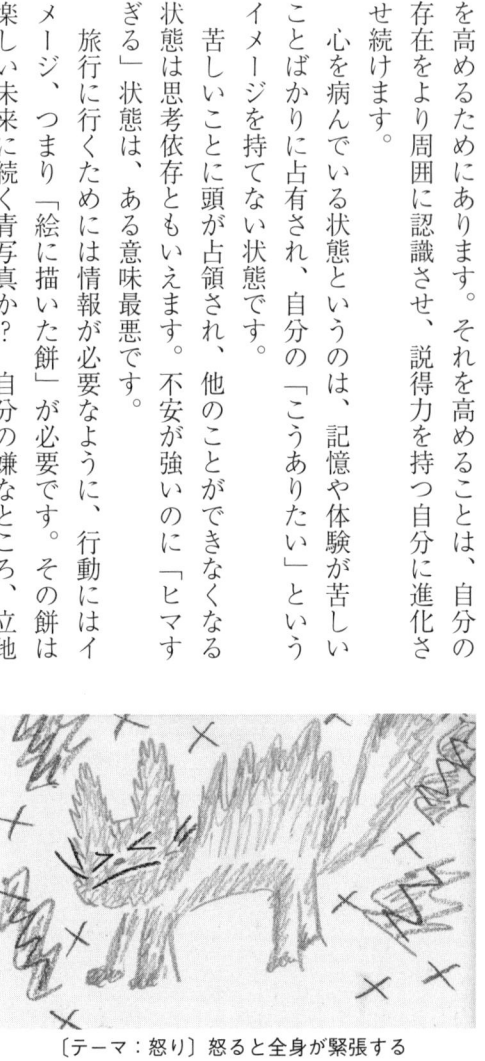

点を冷静に受け入れているか？　そこから、行動という対策が始まります。更地ではなく、石ころや落とし穴さえある立地点かも知れません。そこをきちんと受け入れていないと、「絵に描いた餅」は、動き出してから焦りをもたらします。受け入れていれば、そのマイナスをもとに未来の不安を予測できます。

客観視さえできれば、マイナスとは進化の種だと理解できますが、鍵穴から自分を覗くような卑屈な状態は、進化とは逆の方向を眺めてしまいます。

嫉妬や被害者意識、傲慢さは、他者に「愛を疑う、試す」という傾向があります。「私を愛してくれていれば、こうなるはず」という思い込みが強くなります。本来の対話とは、自分が主張を引けば相手が出て、相手が引けば自分が出るという双方のセッションによって進んでいきます。

良くしたいという結論（こうしたいという想い）を持って相手に働きかけていきます。つまり人と関わるとは相手の人生にも責任が発生しますので、相手の身になったアドバイスを行う責任が生じます。

「無責任」は結局、相手のみを非難する結果になります。

傷ついたこと自体に長らく関わると、その真意を見失い、傷ついた、傷つけた、こと自体に執着しがちです。成長とは、それらから自分の獲得すべき資質に気づき、傷は傷で受け入れていく状況です。

時間とともに、安心感が持てたという成果により、癒されていきます。高齢化に伴い本人の嫌な特性だけが濃縮されていきます。若さで適当に薄まっていた特徴が、あたかも水分の蒸発で濃くなるようなものです。

頑固な人はより頑固に、寛大な人はより寛大に、どんな特性を意識して残していくかが、高齢になった時の人生の幸福度を決めていきます。

執着は自分を傷つけた相手への仕返しを考えるエネルギーになります。傷つけた本人ではない相手にも、さらに傷を広げる場合があります。

自分の言動で他者を、他者の言動で自分が傷つくことがあります。

傷つけた自分も、傷つけられた自分も許せないと思っています。

そこから心が離れられずに、他者との新たな可能性も否定したりします。それは未来の否定に繋がっていきます。

傷は、疎むものでもありませんが、自慢するものでもありません。自身が成長しない限り、その傷を手放すことができません。成長し続ける限り、傷は何度でも生まれますが、生きること、幸せは何かなどの意識が、より覚醒されれば、もはや傷という感覚はなくなり、それが今の幸せを呼び寄せた、一つの出会いだったと気づくはずです。

❹ 対立の勝利者から相互理解の自由人へ

(1) 相互理解でより上の自分に気づく

今は新旧の価値観が混在しています。その渦中で生き方を大切にする人、会社や家庭に愛のある人ほど、自分を酷使することになります。

経済的に依存している相手には本音を言い難いものです。我慢しても生活が約束されない場合、男女を問わず本音が出るかも知れません。

人間の可能性とは、より自由になることで芽生えてきます。子供達は、この本音が隠された親の状態にとてもストレスを感じます。これからはビジネスも本物しか売れないと言われていますが、本物のアイデアは本音の会話から生まれるものです。それは家族関係から育まれます。

形としての仲良しではなく、自然な関係です。豊かな思いが生活を彩る。愛とは現実を大事にする、とてもリアルな関係です。

家父長制度のもとで、自由度が低かった女性が、男性達の意向で人生が決まってしまったことへの反発から、自由に選択できる時代を望んだことは間違いありません。

経済的に厳しい時代には、男性を必要としますが、豊かになり女性も収入が増えると、我慢する関係を持続させるのは苦痛です。何か問題が起きると、昔以上に一人でいたいという感覚は高くなっています。

夫が退職したとたん離婚する人がいます。生活のためにパートナーに我慢していた人も、感性重視の時代になると、ちょっとした相違に我慢できなくなるからです。

その一方、責任を持つ生き方は、非常にストイックでもあります。本来自分らしく生きるということ自体がとてもストイックなことです。会社や家庭という様々な場で試練というハードルが待ち受けています。

自分にも人にも寛容になった人にとっての異性とは、どんな存在なのでしょうか。寛容になる前の異性との関係とは、異質なものとぶつかることで、自分の問題点にもどんどん気づいていきます。

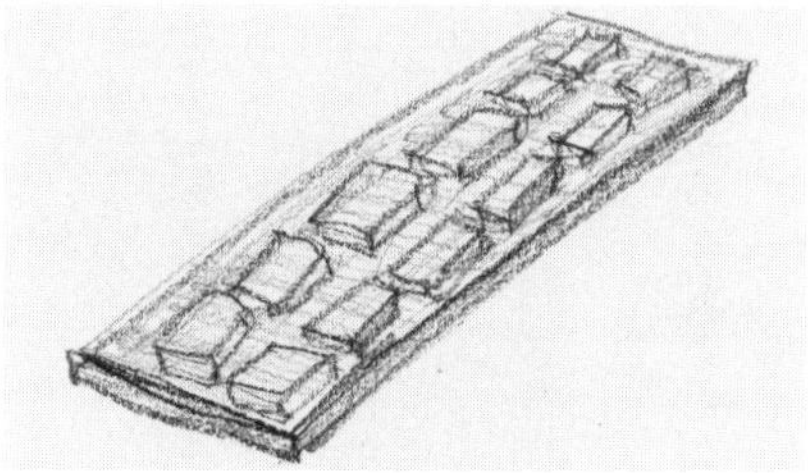

〔テーマ：妻へのプレゼント〕
思い浮かばず好物のチョコを

反発から相手が白なら黒と言い、黒なら白と言うようなものです。

いろんな食い違いから気づいて学んでいくことができます。次の段階は、その対立から自分に気づくのではなく、相互理解からもっと上位の自分に気づくことです。

人間関係において、対立から学ぶことからの卒業が始まろうとしています。少し生まれて少し亡くなる時代とは、自分の質を高め、本質に出会える、とてつもない豊かさを持っています。

〔テーマ：「奥様」ってどんなイメージ〕
知的でセンスがいい

粗雑な人生ではなく、繊細で霊妙な、自分の意識が健康や運命を創っていることに気づきやすい時代です。

自分を高めるための商品やサービスが、世界に影響を与えていきます。意識の変化が進化であり、経済的に苦しいからと粗雑な世界に戻ることが命取りになります。

変化を期待し、それを実践するためには、現実への緩やかな取り組みが必要であり、日頃から自分の感情に気づいていれば、新しい流れを自然に捉えることができます。夫婦間で行き詰まった時、休日はカフェで朝食を取るといった場を変える知恵が必要です。

まだ出会っていない新たな自分に一歩進む時、画を描くという誰でもができる表現が自分の情報をまとめ、感情の波にのまれることを遠ざけてくれます。それぞれが自分に必要な譲れない価値観があること、まずはお互いにそれを認識して初めて、共存のきっかけが芽生えてきます。

(2)「元気でもあり、そうでもない」を自覚している

病気がちの母親が心配だという女性がいました。はたから見ていると過剰に干渉しています。心配ではなく、自分のエゴが多く含まれていることに本人が気づいていません。子供の頃の家庭を描いてもらうと、そうなった理由が出ています。本人は母親を心配している善意を少しも疑っていないので、アートセラピストである私からの「隠されたエゴ」の指摘は、彼女にとってとてもハイリスクになります。伝えるのは時期尚早と判断し、テーマの展開を変えていきます。母親との関係にフォーカスするのではなく、楽しかった思い出などを描いてもらい、実は母親とうまくいっていなかったことを自発的に言い出すまで待ちます。

例えば、ずっと兄ばかりが可愛がられていたという記憶を、そう簡単には変更はできないためです。何を伝えても大丈夫な方はいろいろな面でユーモアがある方で、分析後「うすうす感じていました」との発言が聞かれます。

七〇歳くらいの女性がセミナーを受講されました。描いていただいた画は、「昔の家族の思い出」というテーマです。田植えを家族でしている風景です。若い男性と女性、そしてご本人が描かれています。私が、「とても優しそうな方達が描かれていますが、男性はお兄さんですか？」とお聞きしました。女性は驚き、「エッ、優しそうですか？」と、聞き返されました。それは義兄で女性は実の姉だとお答えになりました。

そして涙を浮かべ始め、「もうずっと、姉夫婦とは疎遠です。義兄が大嫌いだったんです」。でも、画ではとても優しそうに描かれていました。

女性は声を出して泣き始め、そして「今日、セラピーに来た理由が分かりました」「頭では大嫌いだとずっと思っていましたが、実は大好きでした」「姉と義兄の結婚が決まった頃、私は思春期で、姉を取られた思いもあり、その分義兄にとてもひどい対応をしていました」「嫌いなはずの義兄を優しそうに描いたのは本当に自分にとって驚きで、そのことを受け入れることがずっとできなかったのだと思います」と女性は、しげしげとその画を眺め、やがて「姉夫婦に会ってきます」と言われました。「このままでは死にきれないです、今日描かなければ、ずっと心にしまったままでした……」

時には、本人が全く意識もせず、認めたくないことも画が伝えてきます。その時は画と、その人の雰囲気全体を十分に考慮して進めます。

近年、特に何らかの心の障害を持つ人が増えています。健康との境目もあいまいになりつつあります。考えることをストップした人は、一見元気に見えますが、柔軟性に乏しく、何か起きるとキレやすい人が多いです。

「私はいつも元気！」という人ほど、危険です。本当に元気な人は、「元気でもあり、そうでもない」ことを自覚しています。手に入りやすい普通の情報とは、経済効率を優先しています。真実の情報は既成の情報媒体ほど、耳に届くことはありません。あまりに物質を追うと、嘘の情報に近づきます。命が優先か？　お金が優先か？　そんな偉い人が考えるような生活をみんなが始めたら、社会はどうなると思われるでしょう。

誰にとっても大事な「経済と心」、この対立的ではなく融合を取る姿勢が、自分を今一歩進ませてくれます。

人もただ生活をしていると、怠惰な感情に流されていきます。そうならないためには「記憶と体験」の、自分にとっての意味を知り、今後に活かすことで、素材そのものとは異なる、豊かな別物に育っていきます。

(3) 個性は「普通」の先にある

人を見る時、企画、制作、販売、修理などまでを行う、オールラウンド型かどうかが気になります。特に新規プロジェクトは周囲の理解が必要であり、形にするための苦労が分かっていることが重要です。大きく時代が変わる今、それを従来型で行えば結局、過去のやり方に戻っていき、新規ビジネスに繋がらないような気がします。

新しい発想のカタログデザインも、従来型の会社が印刷をすると、微妙に色合いが新鮮でなかったりします。大手のデザイン事務所を辞めフリーになると、取引先の裏口から出入りすることもあります。分かっていてもその選択に迷い、同種規模の会社に再就職するのか、フリーで続けるのかという選択は自身が決めるしかありません。

まだ世の中で先例がないか、あっても少ない事例に挑戦している人達が大勢います。見たことの無い楽器や美味しい果物を創っている人達もいます。そんな人達の悩みは、賛同者が少ないことです。なかなか新たな価値や効果を他者に理解してもらえません。

新規企画を通すのは難しく、検討を重ねて、それが見込めると判断しても、相談すれば、否定する社内の人の顔がすぐ浮かびます。それらを説得した上での意思決定でないと実現はできません。それは誰もがぶつかる試練です。

同じことをやり続けるのは安定していますが、いずれは劣化し、場合によっては、関わる人達の待遇や給料も負の方向に変わっていきます。

新しいことはリスクだらけですが、今の状況に違和感を感じる新しい才能を持っている人達にとってはチャレンジの場です。新しいことは、必ず途中で挫折をしがちです、研究のための費用や人材が続かず、会社に余裕がなく結果が出ないと本人も追い詰められます。

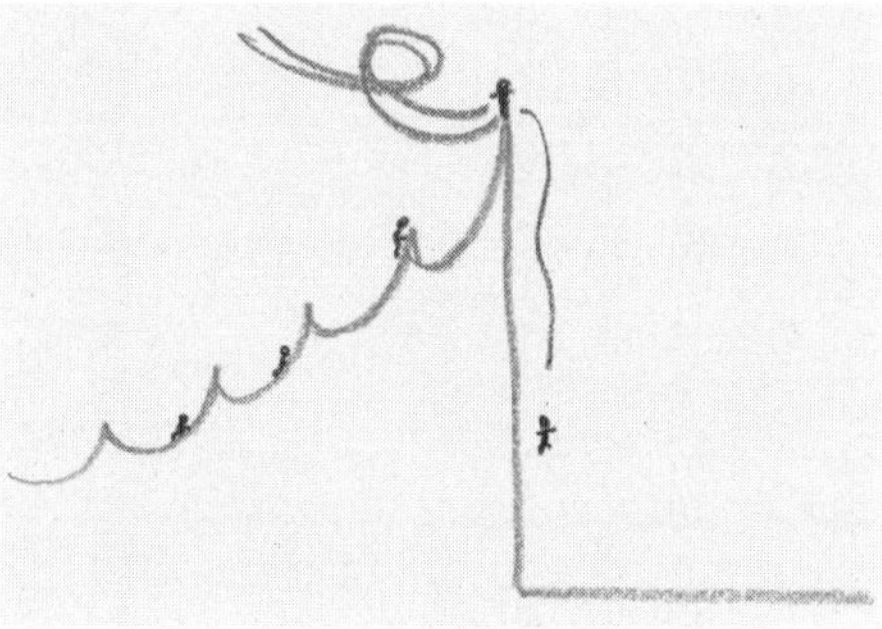

〔テーマ：人に迷惑をかけた時〕
最初から分っていた

新しい発想の人がそばにいたら、「無理だ」と言う前に話を聞くくらいの寛容さと、支援の気持ちが必要です。

従来のビジネスが劣化し始めても自分の責任は感じず、「会社の状況を好転させるビジョンの作成は、偉

郵便はがき

料金受取人払郵便

新宿局承認

1409

差出有効期間
2021年6月
30日まで
(切手不要)

160-8791

141

東京都新宿区新宿1－10－1

(株)文芸社

愛読者カード係 行

お名前《ふりがな》		明治 大正 昭和 平成		年生 歳
ご住所《ふりがな》	□□□-□□□□			性別 男・女
お電話番号	(書籍ご注文の際に必要です)	ご職業		
E-mail				
ご購読雑誌(複数可)			ご購読新聞	新聞

最近読んでおもしろかった本や今後、とりあげてほしいテーマをお教えください。

ご自分の研究成果や経験、お考え等を出版してみたいというお気持ちはありますか。

ある　　ない　　内容・テーマ(　　　　　　　　　　)

現在完成した作品をお持ちですか。

ある　　ない　　ジャンル・原稿量(　　　　　　　　　　)

い人が決める事項」と、自ら何もしようとしない、こんな自分達の感覚も見直す必要があります。

これは、時代の大枠に、自分は全く関係していないと思うのか、多少なりとも関係していると思えるかの違いです。

ただ、理解してもらうには焦らないことが重要で、理解してほしいと勢い込んでいる時には、あまりいい人たちが寄ってきません。理解されるには、普段からの人となりがとても重要になります。個性は「普通」の先にある魅力です。

メソッド Ⅲ

望む未来は今の自分が創る

いつでも飛べる

「望む未来」という目標を持つと、さまざまな苦労が訪れる。

その渦中で意思を持たない「怠け者」に足を取られないこと。

歩み続けると、「コントロールできる我儘」を持つ自由人との出会いが増えていく。

❶ 幸せを「今」に取り込めば、「今」がそれに向かう

(1) 現実に夢が入れば、現実は喜ぶ

自分の癖や考え方が嫌だと思っても、なかなか変われません。いずれ、そんな自分に飽きてしまうことがあります。

そこに夢が入れば、変化しない自分を追い出したくなります。

日頃から賢い柔軟性を培っていれば、夢を取り入れようとする冒険心が作動します。新しさを入れることで伝統が継続する、そんな感じが現実と夢にはあります。精神的な安堵感があれば、冒険を受け入れる力を持てることが確認できました。現実に夢が入れば、現実はやる気が増し、喜びます。

歴史に残っている画家の絵画は、百年前の作品であっても、今の時代へのメッセージ、そして未来への目を持っています。目先の情報ではなく、遠い過去と今と未来が含まれています。私自身が、人生で度々遭難しかかりそうになった時、画を自分で描くと、画から、

「なぜ今、苦しいのか」の心の軌跡を感じ取ることができました。「溺れそうな船」をテーマに描くと、その画には太陽と星が描かれていたりします。無意識ですが、まるで古代の羅針盤を描いたことになります。

人によっては、大きな櫓が描かれたりします。自分を取り巻く外側の環境が大きく変化した時、自分の「今」は、揺らいでいきます。「今」自分は何をすべきかを見失います。そんな時に、過去からの延長上にしっかりと自分がいることを認識すると、周囲の条件や情報を冷静に受け止めることができます。

すぐにいい結果を出すことが、様々な場面で要求される時代にあって、自他ともに納得する「いい結果」を出せない自分を、画という、人生を長期にわたり受け止めている表現の世界が救ってくれます。人の期待に無理に添わない勇気、そんな力も描くことで、徐々に得ることができました。

自信がついてくれば、「人の期待」はあってないようなものであり、自信のなさが、人の期待を大きいものと勘違いしてしまいます。

苦しい経験を継続すると、その時の体調の悪さが、何もない時でさえ、ぶり返します。その苦しい体験を誰にも話さず心の奥にしまっておくと、「私だけがこんな目に」という被害者意識も強まっていきます。アートセラピーで描かれた画は、情報を分析し、自分を知るというだけではなく、もう一つの大きな力があります。描くという行為自体が、次の現実にすべき行動のきっかけとなります。

(2) 第二の誕生とは人生の本当の当事者になること

新たな時代では、刺激を内面に求めていきます。子供達を見れば次の傾向があります。

①今の子供は、情報のパターン化能力が早い
②そのために、多くの新しい刺激を求める
③親が、骨抜きで快適な人工的なパターンを与えがちなので、子供が「現実」から離れる
④親自身が内面の進化をしなければ、子供に目先の刺激しか提供できなくなる

新しい価値観の子供と、古い価値観の親とでは、④のような関係になりがちですが、お互いの時間を共有すると、親も子供も多くの刺激を得ることができます。

人は、
①知らない間に○○らしさに取り込まれている
②あるときに、○○らしさに疑問を持ち嫌になる

③嫌になるが、具体的に何をしていいか分からない

「嫌になる」ことは、本来の自分らしさへの気づきの始まりですが、それに気づかないと、次のようになります。

④親や夫を責める
⑤依存が高まり、不安でいっぱいになる
⑥心身の病気を引き起こす

無意識のままだと徐々に⑥に行きます。「〇〇らしさへの疑問」とは成長へのステップです。新たな自分への好奇心と現実が折り合わない時は苦しいのです。それは第二の誕生の時期であり、産みの苦しみとも言えます。

一番目の誕生は母親が助けてくれますが、この時は自分一人です。人によりその年齢も違っています。この時期に、周囲があまりに優しく対応するのは危険です、苦しい体験を受け入れることで、新たな自分が誕生できます。人間は生涯を通じて内面の成長をし続けるべき生き物です。

アドバイスはもらえても、決定するのは自分で、問題の本質に真正面から向き合う心構えが芽生えることが第二の誕生です。

今はごく一般の人達がそれを求める稀有な時代です。感情を客観的に見る習慣があるかどうかで、自分を取り込む「感情のマモノ」となるか、「第二の誕生」の起点となるか、大切な分岐点となります。

問題を抱え、どんどん悪い方向に行くことが誰にでもあります。しゃべらなくなったり動かなくなったりもします。これは一つには、もう自分だけでの解決が限界で、その状態をあからさまに見せることで、無意識に他者に助けてもらいたいと、サインを発しているのです。

しかしもう一つの理由があります。

自身で問題を解決しようとする意思表示です。良くも悪くも、現状は自分の生き方の結果です。その生き方で良かったこともあったでしょう。

でも変えられない、変えたくないとの思いが交錯し自問自答します。どん底まで行けば、このまま破綻するか、変える方向に行くか、退路を断った決心しかなくなります。

しかし、どん底まで行って、自分らしく生き残れる確率は高くはない気がします。体力や気力があるうちに、変えたほうがいいことに気づき実践したほうが、自分が望む幸せへの確率は高くなります。

(3) 自分への興味から批判が生まれ改善に向かわせる

才能とは自分の持っているそれに気づき、多少でも他者が幸せになる価値観として昇華させる力です。

しかし、その才能を生かす場が今の社会に見当たらない場合は、想像を超えた苦労が伴います。

同僚の何気ない声は、そのまま会社のルールでもあります。同僚の声に違和感があれば会社にもそれが連鎖します。そんな環境でも、めげずにガンバルとしたら、会社のルールを踏まえつつ、他者が共感できるものへと、自分の想いを昇華させることが必要になります。

これはあくまでも理想ですが、少なくとも新しい考えを持った人は、同僚の背後にある会社のルールを意識する必要があります。

その意思を貫ける人は、だんだんと何となく透明感のある雰囲気が備わっていきます。目の前のことに一喜一憂をしている人には、感覚的に生々しさを感じます。そんな時期があって当然ですが、人は一生をかけて生き方に透明感を求めている気がします。

友達の幸せ感を鵜呑みにするのではなく、自分を知ることで、より必要な行動とは何かが分かってきます。社会への関心も、自分側の理由から辿っていけば、いろいろなことを体験することが、人生のレッスンだと気がついていきます。

そこで少し賢くなれば、次の体験で学び、またそこから次の疑問が生まれていきます。私達が、あまりに揺るがない人を見ると、かえって不安になるのは、もう人生で学ぶものが浮かんでこない人、それは成長がストップした人に見えるからです。

成長を止めた人は、変わりゆく周囲を無理やり自分の知識の範囲に押し込もうとするので、自他ともにストレスが増えていきます。

時代とは不思議なもので、波のように、どこからか押し寄せ、それに抗おうとしますが、やがて、波が去っていきます。時代が自分に押し寄せてきている時は、一種のアラームで、気がつけば、取り残されていることもあります。それは安易に時代に乗るということではなく、変化に気づくことで、自分の才能を伸ばしやすくすることです。

自分への興味は、同時に自分への批判と同義語です。自分への批判がなければ、自分に都合のいいことやいい人だけを呼び寄せてしまいます。これも道具と同じで、改良を重ねた商品しか生き残れないように自分への興味から自分への批判が生まれ、それが自分を改善していきます。改善しなくても生きていける場は、時代から取り残されている場かも知れません。

その改善も、あくまでも現実の仕事や家庭の中で、素直さを持ちつつできることから始まります。

❷ 穏やかさは、どんな出来事も幸せに繋ぐ

(1) 好奇心に添って静かに心の移動をする

アートセラピストから受けているものの一つは、情報であり、自分とは違う意見を聞くことで、現状を客観的に見ることができます。それにより自分を疲労させている情報を知り、そこから変化させることができます。

それなりに恵まれた生活をしているのに、気分が落ち込む、そんな女性が大勢います。多くの人が幸せな気分になれない。幸せになるには、それを正当化する論理が必要ですが、その論理が変化し始めているのです。

今は、新しい論理への過渡期であり、高度成長期以降は精神的な成長を促す時代になる

と考えていたのですが、多くの現実的な困難がそれを妨げているように思います。

貧しい時代と比較すれば、何が不満なのかという意見もありますが、豊かになったからこそ次の感覚が生まれます。より軽やかな自分を知る体験を増やし、人生の密度を濃くすることが可能になります。今まで努力しながら生きてきたからこその次のステップです。形は同じでも、今までとは質が違い、どちらかと言えば女性が求める、先入観や伝統に捉われ過ぎない力です。

豊かな環境にいるのに、何かに制約されている感があります。物質的には豊かになっても、それを享受している人の心のプログラムは、昔より機能しているのでしょうか。子供の頃からインプットされた社会に適応するはずのプログラムが通用しません。それに気づいても、かえって混乱するばかりだと、そこには「退行」という苦しみが待っています。

そこからの出方が問題です。決意ではなく、さりげなく、好奇心に添って静かに心の移動をすることです。問題が起きると、心の中にある感情的な「こだわり」を手放すキッカケとなり、対処療法ではなく、根本からの変革が必要となります。

大局的に自分を見る習慣を持つことで、我慢することと、我慢してはいけないことが分かってきます。自分の考えや、行動を変えることは至難です。変わりたくても変われないという人も、強制的に変わることを潜在的に願っています。そういう人達は、本来は迷惑なトラブルでも、それが自分を変えるキッカケになればと思うことも案外と多いものです。自己実現し、自分らしく生きたい。それは人類の新しい価値観へのステップと言えますが、現実には重い課題があります。

①自己実現は、物質的な豊かさの次に叶うと思っている
②自己実現には社会と関わるためのスキルがいる
③スキルを運用するための豊かな人間関係がいる

これらの条件を持っていないと焦ったりしがちで、何かを表現することは、人からの批判を受けやすくなります。それらへの免疫を培う体験が、まず必要であり、そのプロセス自体が自己実現でもあります。

今の生活を大事にしながら、誰もがいつでも、すぐにスタートできます。

(2)「心」と「身体」は夢で再生する

人は膨大な過去を持っています。情報が多すぎて次に何をしたいのかが見えなくなる時

があります。混沌とした状態になり、心が無防備になり、思ってもいない方向に走りがちです。

そんな時こそ、目の前にある一見小さなトラブルを一つ一つ解決していく心のパワーが必要です。それらを解決していけば、大きなトラブルでも自然に自分を守るための冷静さと知恵が育まれます。自立できていない人は、自分を守るという意味が分からず、そのための方法も分かりません。

生活の様々な局面で怒りが高まると、一部の人は自分の世界に閉じこもり、じっくりと考え解決の糸口を探る時間の必要を感じます。

今まで通りの「いい人」を演じ続けると、その時間がつくれなくなります。引きこもることで見えてくる自分がいます。それは外部との接触を少し絶つことで、自分の内面の声を聞こうとする動きなのです。

なぜならその声を聞くことが、人生の折り返し地点になった年齢にとって、大切なことだと直感しているからです。

しかし、そんな時こそ、客観性を保てないと、深みにはまっていきます。

そのために、若いうちからその苦しみを体験して、免疫を作っておくことが大切になります。

例えば、不機嫌になってきた妻への、夫の接し方には三タイプあります。

①旅行やプレゼントをして機嫌をとる
②腫れ物にさわるようにする
③同じく不満を冷静に妻に話す

建設的なのは③です。①と②は、穏やかに見えますが、本質を先延ばしにします。

感謝とは、言いたいことをお互いに言った場合に自然に生まれてきます。言い尽くした時に、初めて相手も自分の本音が言えます。本音は木の葉のようです。一言でそこに葉が生まれ、別方向に、今度は枝が生まれ、それらの繰り返しにより大木になります。

不満や怒りこそ精神の成長には不可欠です。健康のために運動をすることは必要ですが、ある段階を超えると、体力の低下や不注意が怪我の元になったりすることがあります。その場合は、今の体力を温存して、より注意深く、小出しに身体を使うしかなくなります。

心の本音を言いたくても夫婦もある年齢に達すると、話題も少なくなり、対話が続かなくなることもあります。

心も身体も夢を与えないと萎んでいきます。目の前のチャンスを逃さず、幸せになるための変化を取り入れていくことが大事になります。現実にとって「夢」は異質です。心に置き場所を作れば、いい変化が始まります。

「心」と「身体」は夢というソフトウエアの上書きで、新たな可能性を生み出すことができます。

(3)　目の前の人との共感を目指して人は進化する

相手に不満を伝えないと、心の健康は維持できませんが、いきなり伝えることは危険です。家族は重要な練習台の一つです。怒りや引きこもりは、そういう意味で、相手（実は自分）への抗議の姿勢であるとともに、自分をしばらく放っておいてほしい、という意味もあります。

この静かな時間の過ごし方が、とても重要です。長い人生、パートナーが引きこもった場合、「元気になって」とすぐには言わない、穏やかな協力が家族に求められています。この心理的に一人で過ごす間に自分の幸せへの方向性がイメージできないと、トラブル自体が目的になり、周囲と共生できなくなります。

無明とは、自分の心の声を聞かずに、人の言葉だけを鵜呑みにしていくことです。苦しいけれど、自分の声を聞き続ければ、その解決方法を夫に求めるだけでなく、自分を責め続けることもなくなります。

人の心は何重にも折りたたまれていて、表紙や裏表紙だけを見て結論づけても、途中で、いろんなページが出てきます。そうなるたびに、あっちこっちに行ったり、むやみに人の言葉を信じたりします。病めば病むほど、より強引な説得を真実と思い込みやすく、こうなった人の心の目を開けるのは困難です。

自分が変わらなければ、人生は闇だけになり、自分が変われば、人をうらやむことはありません。うらむ相手がいないことが、年齢とともに、安らぎを与えます。苦しみは自分の問題なのに傍観者となり、そして言動の強引な人を代弁者として依存することがあり、なお代弁者が自分の思うようでなくなれば、裏切られたと思い始めます。

自分自身を少しでも変えられない人は、リーダーの選択を見誤ります。何でも解決してくれる人を求めてしまいます。それは生きることを他人任せにすることになります。現実から学ばず、成長していくことを苦痛と思うなら、何も考えなくていい。けれどもそうすると、言われたことだけをやる魂の抜け殻になります。

物が壊れれば、また使えるという目的を持って修理がされます。人の心も同じです。トラブルは、より双方向の理解不足のために起きるという、明快な「答え」を持っています。喧嘩をしている状態で、人は何をしようとしているのか。それは「本当に言いたかったことか、今まで我慢していたこと」を言うための場づくりではないでしょうか。言いたいことを言えず、お互いに仮面をかぶっていればいるほど喧嘩は激しくなります。その仮面を脱ぎ捨てない限り、本音は心の奥にしまわれたままで、外圧をきっかけに長年の不満が噴き出すこともあります。安易にお互いに分かった振りをして「見過ごす」ことが、取り返しのつかない心の破壊に繋がります。

心のシステムは決して簡単ではなく、複雑な整合性を持っています。目の前にいる人との心からの共感、これを目指すことで、心のキメが整っていきます。

夫婦も異性間ではなく人間同士の関係になっていきます。今後未曽有の何かが起きそうですが、その時のために、本当に信頼できる関係をつくっていくことがより必要になります。特に夫婦間の問題は、どちらが正しいかが分かりづらいので、一旦ある線を超えると改善という目的を見失います。

夫婦もお互いに活かされる段階から、ずっと変われないがために憎しみ合う時がやってくることがあります。

「聖人は、未病を癒す」という言葉があります。

このままだと、何か起きた時、落ち込む可能性が高くなると、まだ元気な未病の状態の時に本人が自覚できたなら、幸せな未来へと自分の意志で繋がります。

❸ 才能は想いを普遍的な価値観に昇華させる力

(1) 文化はオールラウンドから生まれる

人が企画、制作、販売、修理などまでを行うオールラウンド型であれば、仕事と直接の関連がなくても、新たな体験によって、その能力が高まる可能性があります。例えば、無理をして、初めて料亭に行ったとします。その料理、盛り付け、サービスなどから、気がつくことがいっぱいあります。

それは本人の中で、時間とともに意味を持ち始め、仕事で行き詰まった際に、ふと乗り越えるアイデアを得ることがあります。仕事を教えてもらうだけではなく、先輩から盗むということが言われています。何を盗むのか？

それは技術を生みだしている、その人自身の人生体験からくる背景です。箸さばきが綺麗、何げなく耳を澄ますと、茶道を習っているらしい、などと、料理の世界のルールだけではない、それを取り巻く周辺のルールも身についているのだということを知らされます。

仕事上の能力育成のためにも、自分の慣れ親しんだ世界とは違う、ちょっと、上の世界観、そこの感覚を感じるということが必要になります。

自分より高度な情報と能力を持っている人との何気ない出会いが、自分を大人にしてくれたりします。ナチュラルながらお化粧のうまい人に会うと、不思議なことに翌日は習ってもないのに自分でも少し上手になったりします。

古代の狩人はオールラウンド型だと言われています。狩りの場所を決め、道具を作り、体力を使って、獲得していきます。動物をしとめるための途中の大変さを熟知しています。急に雨が降った時の避難場所や、風が強いと、思うようにいかないなど、途中の苦労がしっかり刻み込まれています。不測の事態を想定し、余力を残しつつ移動することなどです。自分も家族も生き延びるためには、健康であることが最優先です。

無理と判断したら、獲物がなくても家に帰ることを選択します。「命がけでがんばれ」というのは、背景で他者に守られている状態であり、本当に身一つとなれば、命優先です。即戦力の時代になると、結果のみが価値あるものとして優先され、その途中の苦労を説明しても理解されません。結果優先で戦略を立てる人と、現場で手足を動かしている人の間には大きな溝が生じています。

また、本社で働く企画側も、実践の苦労が想定されるのに、上層部に従って見切り発車の指示を出さなければならないことがあります。将来の会社のあり方を考えている人ほど、心が破壊されるほど悩みます。

オールラウンド型では、人としての成長と仕事が一体化する可能性があります。組織が大きくなり分業型となると、達成感が見えづらくなりますが、相互のチェック体制が、失敗を防ぎます。

しかし人として見れば、成長とは何かを模索できにくいかと思います。

同じことをやっていると、それでもある日、心身に意外な展開が生まれます。それとは別に、普段と違う役割をすることで、新しい感覚を持つことが起きます。例えると、白に気づかなかった自分に黒が来ることで、白だと気づくことだったりします。当たり前過ぎて無意識だったことに、気づくことで、それ以降、意識と無意識の関係に気づくセンサーを持てるようになります。

(2) 問題発生時ほどただ「たんたん」と……

人生で誰しも修羅場があると思います。その時に重要なのは、関係者の冷静さです。問題の沈静化に必要なのは心の落ち着きです。それによって、今何が最優先なのかを共有できます。

私が「心」にとても興味のある理由の一つに両親の性格があります。何か問題が起きるとハイになるので、結果として良かったこともありますが、周りで具体的に対処しなければいけない人にとっては、問題そのものと両親の感情のバランスの悪さを背負うことになります。

同じ状況で、世の中には、怒鳴ったり怒ったりする人も多いことでしょう。周囲は問題自体より、その対応で疲れきっていきます。

また、怒鳴られると周囲も焦り、安直な解決を考え、結果、さらに悪化することがあります。怒って問題をさらにこじらせる人は、最終責任は自分にはないと思っているのでしょうか？

トラブルは、水面が波だっているような状態です。怒りや過度の悲しみは、その水面を自分の手でもっと波立たせることになります。

私は問題の発生時ほど、ただ、「たんたん」と突き進むことを身につけました。人を急がせる、焦らせる、怒るは、新しいことをしたい人にとっては、特に危険です。新しいということは、そのプロセスに関わること自体に、他者も今までとは違った成長ができるという可能性があります。
しかし、初めてのことには多くの人がアレルギーを持つので、想いを伝えるにはより慎重さが必要になります。怒ることで、人生をかなり消耗していく人を見かけました。私の場合、自分がしたいことがなかなか周囲には伝わりません。「貴方の言いたいことは、こういうことなんでしょう?」と言われても自分としては「違う」のです。

人の固定観念に束縛されると、心が窮屈になります。従来の枠に入れられると、どうも違う流れになっていきます。相手も私が言っていることが分からないのでイライラしていきます。まだあまり世の中にないことを否定するという感覚は、ある意味一般的な対応で本能的なものです。
会社を作るときに銀行に融資をお願いしに行ったのですが、「前例がない事業なので無理」と何度か言われました。事務所に来て、「セミナーの仕事だと聞いているのに、こんなに狭い事務所なんですか」と言われたのも覚えています。広い事務所を借りられないことが、どうして分からないのかが不思議なくらいです。

お店で買ってきた植木は、しばらくすると枯れることがあります。必要な水をやり忘れた自分や家族にイライラします。水やり以外にも大きな植木鉢に植え替えることなども行っていれば、枯れることをさらに防げたと思います。

心のケアも同じように、落ち込んだ理由に一つでも気がつけば、そうなる前に改善策へと動き出すことができます。

私は仕事を通じて「より多くの人達に幸せになってほしい」と思って起業しました。新しいことは、周囲の人にとっては、大概が迷惑な船出に見えます。

そんな中、ただ、「たんたんと」、でも譲らずに働くことが、自分の進む道と信じて、途中落ち込みながらも、「私のアートセラピー」を紡いでいます。

(3) がんばりが見えにくい姿に真実がある

起業時に、自宅から事務所まで荷物を運びましたが、車がなかったので苦労しました。椅子を買って配達が待てず、商店街の中を運んだり、かなりの様相だったと思います。そんな時、私の頭には大黒様が浮かび、一人で笑いながら街中を歩いたりしていました。大黒様も引っ越ししかなんかだったのかもと連想しました。

一見関係のないところに、関連していく発想というのが良くも悪くもの私の特徴です。無駄も起きますが、仕事では役立ち、また大変な状況であっても、どこか笑える方向に行くことで助かっています。

私はとても笑顔がいいと言われることがあります。普段は、逆に不愛想な顔です。ギャップでそういう印象を持たれるのかも知れません。他に思いつくことは、何かを見て笑うというより、自分で考え込んでいて、自分なりに答えが出た時に、必ず一人で笑っています。

人は、考えに納得がいった時に思わず口が開き、笑顔に近づきます。

しかめっ面の人はいつも納得していないのでしょうか。立場上、嫌でも強制的に納得せざるを得ない人は、笑顔が厳しくなるのでしょうか……？

人の言葉を受け入れ難い私は、自己責任を増やすアートセラピーと波長が合いました。関心を持つ方は、私と同じように、良いことでも人の言うことを鵜呑みにしたくない、そんな人が多い気がします。自分で答えを出す人は、自己発見の可能性がとても高いものです。

関連性というのはアートセラピーでは特に重要な感覚です。ある人が描いた家の隅にいる黒い猫の画を見て、本人がもしかして家ではないがしろにされていたのではと感じました。本人にお聞きすると、ハッとして、それは捨て猫だったとのこと。家では飼えないと言われたそうです。ずっと昔のその猫が、とても意味ありげに描かれ、行き場のない猫と本人の心象が一致したのです。小さくなっている黒い猫と本人、画を見れば多分誰もが、その関係性に気づけます。

売れない画家が、やけ酒を飲む映画の場面があります。それはいずれ自己破壊に繋がることもあります。言葉の暴力や暴力自体が絶対に許せないのは、自分の主張を「たんたん」とできない人達が、それに走る傾向が多いからです。

身の回りの争いの多くは、実は一人一人の中にあり、相手に勝つために、話し合いができない要素を変えようとしないからだと思います。

誰が見てもがんばっている姿というのは、あまり私にはありません。思いを実現させるためには、長い時間がかかると分かっています。目に見えるがんばる姿は短期間で何かがすぐに上手くいくと周囲に勘違いさせる場合があります。特に、迷惑をかけられている人は、そう思いたいという心理があります。分かりやすい「がんばる姿」はある意味でパフォーマンスであり、それに捉われていきます。

ただ、「たんたん」と地道に粘り強くがんばっている人達を、私は、応援したいと思います。急ぎ過ぎは、自分と人の重い欲がベースにあるようです。その欲深さによる性急さが人生にとって健全であるかを判断するセンサーが必要です。自分を大切にした上での挑戦は人生が百年くらいは必要な気がします。振り返れば、がんばってきた道筋が見えますが、その時々では不安の方が勝り、何とか乗り越えてきたというのが正直な感情ではないかと思います。

楽しそうに見える高齢者は、欲に流されず心をごまかさずに生きてきたと思える雰囲気があります。問題も多々ありますが、今は、長寿の環境が整っている稀有な時代だと言え、一見がんばっているように見えない姿に本当の成長の真実があります。

❹ 望む未来は、「今」の自分が創る

(1) 我儘で居場所がない人が発信者になる時代

人の悩みは根本的にはあまり変化しておらず、「そうね、もっと積極的に人と話さないといけないわね」と、同じフレーズを繰り返す人は多いものです。

「消極的で損をした自分」と「嫌われている自分」とは？　というテーマで画を描いてもらうと、それが初めて実感できます。無意識に積極的な人を避けてきたことに「はっ」と気づくことがあります。そのプロセスを経て初めて、積極的な自分という幸せな未来の自分を今の意識に取り込むことができます。

画の分析において、次の七項目を大事にしています。

①人生は人それぞれであり、心は複雑で、奥行きは深い
②誰もが自分を知りたいわけではないので、その見極めが重要である
③生きることは、一生を通して自分に出会っていく旅であり、それぞれの旅に欠かせない仕事がある
④人はまず「絵に描いたモチ」が必要である。その設計図によって現実が動く。ただし、その絵は変化していくものである
⑤努力と積極性だけでは仕事が苦しくなる。「待つこと、譲ること、時には諦めること」が必要になる
⑥年齢を重ねるにつれ、異性に対しては、恋愛感情から離れて人間愛に移行していくことを勧める
⑦仕事は遊びでもあり、遊びは仕事で、それを通じて自分を大切にすることの面白さに出会う

持って生まれた周囲との違和感は、いろいろと気づかせてくれるという意味で大事ですが、「違和感」に甘すぎると悲劇の主人公になり、厳しすぎると排他的になります。

「幸せ感」は才能そのものより、実は自分の思いを社会に提案して一つでも実行できた達成感から生まれます。

我儘に見える夢追いも、がんばっていれば、周りにささやかながらも生きるために役立つ新しい情報の発信者になります。

外見のイメージの濃い薄いは内面とそのまま繋がっており、他人に物事をはっきり言う人は、服の印象も濃く残り、いつもあいまいな人は、服の印象も浮かばなかったりします。

アートセラピーの画も、その人の内面をそのまま映し出します。ネガティブ思考とはよく聞く言葉ですが、人にはそれが必ずあります。「人見知りする」「言いたいことを言えない」「人のあら探しをする」など、様々です。

それらを放っておくと、様々な弊害を生み出します。ネガティブさを受け取り、一歩踏み出せるか。そして、その一歩は、慣れ親しんだ「ホーム」ばかりでなく、自分とは考え方の違う、「アウェー」の世界でも試すことが必要です。何事も「ホーム」ばかりに長くいすぎると、新たな自分にチャレンジしようとする気力がなくなります。

培った「アイデンティティ」を再認識、再構築することで新たな共生能力への閃《ひらめ》きを得ることができます。

(2) 未来を予測する能力と器

「傷つけた」「傷つけられた」は鏡の関係で、「傷つけてしまった」という言葉から、実は本人の傷が見えてきます。困難な時代を迎え、人はその生き方が二極化してきています。

Aさん↓傷から人への依存や執着を強める人
Bさん↓傷から自分をより発見していく人

この二人はもう歩み寄ることなく、別の次元を歩んでいきます。生来の性格をより幸せになる方向に軌道修正できる人は、周囲から「変わったわね」と言われ、修正できない人は「昔と同じ」と言われます。

自分を変えるのは、自分の努力と人の言葉です。生まれつきの性質は変化しませんが、その運用方法を学べます。自分を「水」に例えるとすると、自身で水路をうまく作れば水田に流れ、自他を生かす水源になるということです。

「水」は、火や風系の人と対立をせずに、上手く関係を作ります。自分自身の思いと、社会との融合のバランスはとても難しいですが、獲得のプロセスから本人独自の「言葉」が生まれます。

性格は人生を左右します。人を否定するエネルギーは壮絶で、人は、人との心の交流を通じて信頼感を持てなければ気持ちも枯れていきます。

若い人の中には、「こんな親から生まれなければ」という家族への否定や嫌悪感が強い人もいます。そんな人は嫌いな自分の性質は親から受け継いだと思うわけで、親自身への反発が起きて当然です。

生来の性格をプラスと感じるには、生活面と心理面で親からの独立が必要になり、それは同居していても可能です。それでこそ、親離れができ、いつか必ず親から受け継いだものに感謝する日が来ます。

自分の未来をどこまでイメージ、予測できるかが、能力であり器です。自分らしさは、火（怒り）、水（悲しみ）、風（無常）などの試練を受けていくことが大事であり、「冷める」というのは、その試練が成長につながることを、もはや自分がイメージできないことです。

登山で、安全に登頂できる最短の道を探すとしたら、いろいろな方法で登った人、失敗した人のデータが必要になります。安全な道を、そこから見つけることは、一見知的な作業に見えますが、実際に登山した人の情報に依存しています。データによる情報を真に受け過ぎると危険ですが、それを危険だと思う身体感覚が育っていない人が増えています。

低い山から登る体験が大事です。身体知というのがありますが、「世間ではそう言われているが、自分には合わない」というような感覚です。

家族の幸せや自分を大切にしたい生き方と、社会や利益追求の企業とを折り合わせて生きていくことは、思いがけない充実感とともに、様々な心の葛藤が伴います。

周囲から理解されず、背負わなくてもいい苦労を負ったり、経済的にマイナスの生活が続くことがあります。

しかし、諦めずにできることから一つ一つ改善を進めていけば、良き理解者や賛同者に恵まれることも、実は少ないですが、奇跡的にはあります。

そんな遠回りで地道な生き方が、事象から本質を見抜く力を育みます。

(3)　投資したエネルギーを捨てることを恐れない

生活のことややっていけるかという不安もありましたが、どうしてもやりたかった「私のアートセラピー」に専念するため、当時勤めていた職場を退職して五〇歳で地元、埼玉で起業しました。

ハイリスクな環境の中で、人にも頭を下げることが苦にならなくなり、そんな初めての

「感情」に出会いました。自分が求めていた長年の夢が、直接、いろいろな人達との交渉を重ねて、だんだんと形作られていく日々はとても充実していました。組織に属さず自己責任が増すことの、大変さと面白さもありました。

苦しい中、営業で出かけ早めに着いた駅で、時間をつぶす喫茶店が周辺に一軒しかなかったりすることがあります。店構えも悪く、コーヒーの味も美味しくありません。

でも、早く着いてしまった三十分を後悔するのではなく、いいところを探してみます。今は納得ができていない自分の居場所でも、より良いところを探し、心を軽やかに過ごせば、そのうち納得できる未来が来ると信じて生きてきました。

童話の「棚ぼた」や「わらしべ長者」の話に似てきます。今、持っているものを大事にしつつ、交流や対話をしていくことで、自分の理想に近づいていく。今を否定し過ぎず、前向きな関わり方を続けることが未来を左右すると、自分の体験を通じてはっきりと知ることができました。

「今」を愛することは、未来への継続した希望が必要です。今という時間、場所、人、出来事の全てに責任があると認識することです。

理想に近づくには時間が必要であり、今をないがしろにしては、辿り着けません。思い切って相手の立場になって考えてみること。何があってもずっと信頼してくれる人がいること。自分にも信頼できる人がいること。非情なまでの冷静な自分への眼差しが不可欠です。がんばってもなお、無理な場合は時間をかけた念入りな準備が必要で、激しい感情のみで乗り切れる時代ではありません。離婚の時、実は帰るところはないことに愕然としました。途中退社も離婚も、それまで投資した心身のエネルギーを活かせずに捨てることです。

しかし本質は捨てることにはならず、決意によって新たなエネルギーに変容します。その時を恐れないことです。

離れてもすぐには元気なエネルギーは生まれません。しばらくはいろいろ意味での低迷や困窮する時期があっても、自分が望む生き方を諦めず余裕がなくても投げ出さず、歩み続けることです。

第二章　私のアートセラピー

いつでも飛べる

鳥は、斜めにも垂直にも飛んでいき、迷わず木の枝や屋根に降り立つ。目覚めた鳥は、遥か高いところを、風に乗って飛んでいく。

子供の頃は、きっとそんな気分に近かった。でも、だんだんできないことが増えていく。「こうしたい」と思うだけでも、許されない気分。誰かに籠に入れられているわけでもなく、翼がないわけでもなく、居場所を変えても、それは変わらない。

自分で鳥籠に入り、内側から外を眺めている。
ある日、緑の風が、偶然微かに扉を開けた。
自分で少しずつ、扉を開ける。いい匂いの風が吹いている。

いい予感に委ねる。微かな風の助けで、鍵は
いつでも自分で開けられる。飛んでいた時の記憶が
蘇ってくる。生活は便利になり、ツールも増えた。
そのおかげで、もっと大らかに、
人と出会い、信頼できる関係をと考えていた。

でも、心は、いつも落ち着かず、人と比較して
落ち込み、自分で納得する人生を描けず。きちんと
しないと、どこの誰とも分からない何かに叱られる
ような。自分を知りたい、何が好きで、どんな人が
好きで……。

「トリカコム」「トリヤメル」「トリニガス」
「トリハズス」謙虚に現実と試行錯誤をしつつ
囲いをはずしていくこと。
苦しみとはそんな時に起きる摩擦のようなもの。

ステージ　I

自分を活かせる「カタチ」を求めて

いつでも飛べる

苦しいときに、雲間から月が見えたときや木漏れ日がさした瞬間に、幸せ感に満たされることがある。

人は生きる理由とともに湧き起こるインスピレーションによって、行くべき道を選んでいる。

❶ 自然に微笑むことができる居場所を求めて

(1) 追い詰められた時に自然の美しさに気づく

私は自分の「今」に納得できず、そんな自分をごまかすことができませんでした。形は整っていても、それ以上の自分に出会えず、あとは、外側で起きる出来事に一喜一憂するだけという受け身の生き方に、心の危機感を覚えました。

私は、昔、二つの問題を抱えていました。一つ目は誰にも理解されないという思いと、二つ目はそれがあるからこそ、社会に通用しないという思い込みです。①人が理解しないのが悪いという他罰と、うまくいかないのは、②全部自分のせいだという自罰です。

この二つが日々沸き起こり、心の落ち着く場所がありません。当時は夫もおり、経済的には安定しているのにもかかわらず、この思いによって、現実を自分で否定していました。

しかし、夫によって安定していればいるほど、自分の力は社会に通用しないという考えに向かいます。家でも職場でも居場所が崩壊し、自身が消えてしまう感覚です。今思えば自分を客観視するアートセラピーの視点を持ち続けることを、実験していたとも言えます。

ある春の晩、タクシーに乗っていると、街灯の光の中、桜の花びらが舞っていました。風と花びらの舞が、生まれて初めて心の中に入ってきました。その時に安堵感を感じただけではなく、大自然に守られているという実感があり、人は追い込まれた時に、やっと自然の力と美しさに気づきます。自分の価値観を信じ、そして社会に通用することへの信頼感、形は全く見えない未来に委ねられる安心感が、心に広がっていった瞬間でした。

数年間続いた、離婚すればホームレスになるかも知れないという思いから、自由になることができました。離婚で家を出る日、鍵を下駄箱の上に置き、弁護士さんが駅まで車で送ってくれました。気づくと、駅とは反対のよく行ったプールやスーパーや商店街の側を走っています。地元の方なので道を間違えるはずはありません。もう訪れることはないかもしれない場所を見せてくれたように思いました。

現実と折り合えず、生活というリアルでは一層折り合いません。そんなことからスタートし、時を経て「私のアートセラピー」に出会うことができました。それは、私にとって頭の中にある理想と現実を結び付ける役目をはたしてくれることになり、「私のアートセラピー」の研究開発とその運営が「こんな自分でありたい」という理想に徐々に導いてくれました。

(2) 違和感のある人ほど、社会との接点を求めている

挨拶は人によってはハードルが高いもので、私自身も以前は知人が前方から来るのに気づくと道を変えたりしました。子供の頃から人見知りだっただけでなく、社会に居場所がないと感じていました。一人で勝手に「いじけて」いるのです。

例えば社内で挨拶をしても「あの人誰？　あんな人いた？」と言われるかも知れません。希望の学校や会社に入れず、それらに近づきたくないという心境です。その気持ちを変えられず、ずっと引きずる人達も少なくありません。

子供の頃から抱えていた違和感は、どうやってもついて回り、より大きくなっていきました。周囲に褒められたいとも思わず、褒められるとは相手の価値観に乗っかるようで苦しい人生になると思っていました。「先が読める」と冷めてしまい、自発的に努力する気が起きません。頭の中で、もうこれ以上発展しようがないという屁理屈かも知れませんが。

自身が興味を持ち努力したいと思えば未来は変わりますが、それが無ければ努力のしようがありません。

〔テーマ：元気な人が持っていそうな物〕
登山靴

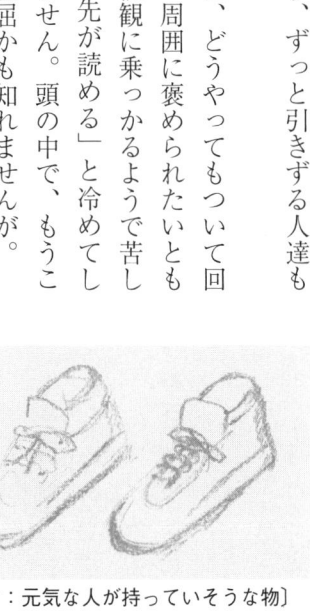

違和感のある人達は、他の人にとっては本当に当たり前のことにでも、いちいち反応をしてしまいます。興味を持ち、少しでもがんばって、努力したいと思える仕事と、その場を探すことが重要になります。

違和感は問題意識の表れでもあります。それを感じている多くの人は、自分の幸せとともに、社会で役立つことを願っています。ただ、発揮する場所が少なく、伝える言葉が乏しいために、心のバランスを崩しがちな人が多いのです。

そんな人達を甘やかすだけでも、言い過ぎても問題があります。やる気のある言葉を求めても、本心からの言葉でない限り、追い詰めてしまいます。

違和感を抱えているからこそ、気づき、気づけます。未来を切り開く希望の種を持っているともいえます。即戦力が当たり前で終身雇用が崩壊しつつある時代、そんな彼らが育ちにくい環境です。長い目で見てくれる環境があるかがポイントの一つです。

違和感を持った人達だからこそ、既存のシステムが飽和状態になっていることに気づきやすいのです。これからの社会を変えて行く騎手になれる可能性もありますが、既存社会での必要なスキルや対人能力の獲得がなかなか、困難な状態です。

既存のシステムを作り上げた大人達も、取り巻く環境の変化に追われる日々でしょうが、自身のためにも、次世代への理解と支援が必要です。

昔に比べれば社会のあり方は大きく変わり、思ってもいなかった様々な利便や困難に囲まれています。これから先も予測不能な状態です。一方両親の世代を思いだせば、多少の大らかさが社会にあったように思えます。


会社も個人も、今の生き方の延長線上に様々な未来が待ち受けています。自分を殺し、言いたいことも言わず、社会に適合し過ぎて、違和感を感じない心になると、その先に待ち受ける「負の前兆」を感じなくなり、「今日やるべきこと」を見失うことがあります。

次世代を見守り、ささやかでも支え続けるために、自身を俯瞰できて、社会に何らかの優しい視点を持った人を、一人でも多く増やすことではないでしょうか？

⑶　自分の幸せとともに、それが社会で役立つ

幼稚園の子供達を見ていると、みんなが遊んでいる中で、一人で遊んでいる子供が目につきます。他の子供達が「先生！　見て！」と滑り台で得意そうに滑っている中で、ある一人の子は、字が読めなくても絵本をじっと見つめ、ページをめくっていたりします。

何となく大げさに聞こえますが、この時点で、価値観の違いがあるように思えます。

「変わっている子供」と言われるかも知れません。

ある女性が、小学生の時、絵で寒色系の色ばかりを使ったところ、先生が母親に「女の子らしくない色を使っている」と話し、母親がとても心配したということです。ごく小さい頃から、みんなと同じでないと言われたりした子供は、大きくなるにつれ、普通であることを意識せざるを得ず、みんなと笑ったりおしゃべりをすることにも緊張をしてしまいます。

そんなことを人に話しても、たいそうなことではなく、ごく当たり前のことへの反応が苦手と言われるだけで、なかなか理解されません。努力が足りないとかの問題ではないのです。その資質を受け取め、社会に適応していくことは大変です。

そんな人が、決していじけず、一歩一歩進んだ時、それは高い精神的能力を持つことがあります。自分について問題意識を持った結果です。

それはつらいプロセスですが、様々な体験や書物からも気づきを得やすいと言えます。

「幸せになる」という短い言葉に、繊細な心の蓄積があり、それは他者や社会を同じく繊細に見る力に繋がります。

それほど違和感なく育ってきた人の中には、自分が困難に出会った時、その捉え方や対処方法を知らないことがあります。

違和感を感じてきた人は、人生においての目的が「成功する」「お金持ちになる」ことを重視するのではなく、お互いに理解でき、精神的に成長できる人間関係を重視します。欲しいものを得ていくプロセスで、心が粗雑にならざるを得ない環境にはなじみにくいものです。弱いとかではなく、生まれ持った資質です。

周囲とは違う資質を健全に育み、自然に協調できるようになった時、心のノウハウが、自分にも周囲にも役立ちます。自分とは異質な人との無駄なトラブルを避けるために、人への分析力も高まります。ＡＩ化が進んだ近未来で生き残る職業としてカウンセラーという、人と人の心を繋ぐ職業が挙げられていたりしますが、理解できることです。

社会が高度成長期を過ぎると、華やかな人間関係と言うより、人間関係に文化的な要素を求める傾向が強くなります。違和感を感じた人も、時代の変わり目には生きやすくなっていきます。気づかない間に時代は、人が精神的豊かさを求めることを推し進めているように思います。しかし、そう思いたい一方で、ますます物質主義優先の傾向もあります。それでも私は、心の豊かさの領域は、意志さえあれば増やせると信じています。

❷ 二五年余り自由な心とともに

(1) アートとの出会いで徐々に楽に

子供の頃、「将来○○になりたい」と言ったりしますが、私はそれらしいことを言った記憶がありません。大学を出て、結婚すれば、先は何とかなると思いました。しかし、それなりに恵まれた状況の中で「私って何のために生まれたのだろう」という思いが募ったものです。社会的に通用する力がないと思っている私にとって、結婚してパートナーがいても、その自信のなさは変わりません。アートセラピーとの出会いは、人って何だろうと考えるのと同じように「絵って何だろう」から始まりました。子供の頃から絵本を見たり描くことがとても好きでした。また何度か絵を先生から褒められた記憶があり、それは案外と大きな意味がありました。

どこにも属せないような諦めと焦りが、アートとの出会いによって徐々に楽になっていきました。私は医療関係者ではないので、対象はごく一般の心の自己コントロールができていても現状に満足していない人達です。

ゴッホの絵を教科書で見た時に、ゴッホは、きっとお金もなく、恋人もいない人なんだろうと素朴な印象を持ちました。恋人がいれば、お金があろうがなかろうが、きれいな薔薇を描くのではないかと思ったものです。絵を見るたびにいろいろと思いを巡らせ、画家のプロフィールを知ると、自分なりにその絵を描く内面の理由に納得がいくのが、面白くてしかたありませんでした。

絵って、描く人そのものなんだと思えるようになっていきました。

分かりやすく言えば、家具の組み立てなど、図面があるとないとでは、全く理解度が違っており、絵の持つ力はとても大きいと言えます。

しかし、当時そんな自分の思うアートセラピーに出会える教室も見当たらず、それが結果として、幸いなことにプログラムを自分で創りだすことに熱中していきました。一人でキャリーバッグを抱え、ワークショップを開いてくれる喫茶店や公民館に通いつつ、なんでこんな思いまでして、と思ったりしていました。私は決して幸せそうな人には見えなかったことでしょう。

しかし、答えがない世界に入り、自分で社会と直接関わりながら、答えを導きだすことは、実は、生まれて初めて生きているという実感に出会えた瞬間でもありました。

それまでは自分が自分を閉じ込めているような思いに囚われていたのです。自信のなさから、やっと解放されていきました。画が私の友人となり、その友人が、社会でまた人との出会いを増やしてくれています。その中で、「私のアートセラピー」を体験した多くの人から頂いた、共通の感想があります。

「一見楽しいようでも、じわっと湧き起こる不安を言葉にするのが怖くて、自分の気持ちを閉じ込めていました。でもだんだんそれが、のど元から出てきそうに大きくなっていくんです。今日、それが目に見える画にあらわれ、言葉にすることで、やっと不安の居場所を自分の中に作ることができました、誰でもなく自分が生み出した不安です。また先生が、その不安を受けとることで、次の幸せに繋げることができ、よりよい今になると言われたことを、何となくイメージできました」

そしてプログラムはできたけれど、それを運用するための、より自由な自分で決断できる本体が必要となり、一九九九年の離婚をきっかけに二〇〇四年に小さいながらも「アートセラピストアカデミー有限会社」を設立しました。

一枚のアート作品の面白さは、起承転結を全部一人で行う点にあります。丸ごと自分で決定できるのは、緊張感とともに高揚感があります。

仕事でも、どうも分業的なことが苦手だと気づいた時期がありました。例えば自分が白のイメージなのに、バトンタッチしたら、グレーになっていくような感じです。そんなことへの免疫力がありません。

自分の発想を社会で試行錯誤できることで、心に自由が広がり、二十五年余りを探求とその実践で生きることができました。

(2) 一つの体験から世界を知る

雰囲気が明るい会社は、明るい服で行くと、心なしか丁寧に扱ってもらえ、暗い会社は、明るい服で行くとあまりいい対応をしないなど、最初は単に私の思い込みで、偶然だと思ったのですが、その後、意識的に実験をすると、何となくそういう確率が高いと感じました。幸せそうな会社や人は明るい雰囲気を好み、暗い会社は明るい服装に、ちょっと距離がある感じです。

明るいインテリアにすれば明るくなるということでもなく、会社としての知性や自由度と関連しているようです。こういった現実的な直感と確認の実験の結果が組み合わされ、自分の中で蓄積されていきました。

そして「私のアートセラピー」の骨格を確立する上で重要な独自のデータとなっていきました。

それは、「私のアートセラピー」の分析に深く関わっています。受講者が一人でもすでに見知った人の画を見るのはとても楽しく、イメージ通りだったとか、少し違ったとか、いろいろと参考になります。

働く前には、社会を巨大な壁と感じていましたが、案外と不安定で流動的なものでした。だからこそ、融通が利いたり、チャンスがあることも、少しですが気づくことができました。自分で作った「私のアートセラピー」を社会に提案していくこと自体が一枚の作品＝アートだと思えたのです。

すでにある価値観に適応することも重要ですが、それよりも自問自答しながら、一つの体験から世界を知ると言った、様々な体験から逃げ出さず、食べつくすことが心の栄養になります。何気ないパンフレット一枚からでも、何となくその会社が見えてきたりします。自分の感じ方から外側を見れば、とても個性的な発想に繋がります。その感じ方を自分自身が信じるためにも、人や社会との交流が大切です。

自分なりの尺度を育てると未来への関わり方が違ってきます。例えると百組の夫婦がいて三組が離婚した場合、単純に数を見て、まだ少ないと思う人と、今後増えると思う人では、考え方に差が出てきます。

経済困難も承知の上で、私のような自己実現のために離婚を決意した人も、一度トータルに夫をも俯瞰して判断できるプログラムである「私のアートセラピー」を紡ぎ出しました。根底に、相手だけでなく自分への嫌悪感があります。それに気づき、少しでも自分を好きになってから決断を実行に移しても、決して遅くはありません。

共通の体験が減り、個別化していく時代だからこそ、体験から培う「私はこう思う」「私はこういうのが好き」といったシンプルな答えが求められます。自問自答しながら、それを生きるスキルにする時代です。

面白い人は面白い画を描く、そうでない人は、そうでない画を描く。そうしたことが、まだ誰も気づいていない美を、先行して楽しめることに繋がります。

「私のアートセラピー」の分析では、自分はどういう生き方を幸せだと思うのかを知る必要が、最も重要でした。船のように漂う心には、安定した碇《いかり》のような中心が必要です。無駄の多い要領の悪さは一見欠点に見えますが、それが豊富な体験となり、底がないような不安感から飛び立つことができます。

年齢とともにカッコウ悪い体験はしづらくなります。自分の人生の情報が少ないと後半の人生が先細り、形骸化した味気ない日々になります。

今という時間の過ごし方が、未来への方向を決めます。

(3) 少しでも理解者がいた方がいい時代

これからの仕事は、ある意味で高速道路を運転するようなものです。そこでは小石でさえ危険になります。

社会のあらゆる分野において、より企画部門と実行部門の連携が求められます。それらでは緻密な作業はＡＩに任せて、社員はそれを超える緻密な指示や意識を司ることが必要になります。

それには明るい家庭や職場という環境が重要になります。言いたいことが言えなくては、その不満が小石となり、大きなトラブルの元になりがちだからです。真に明るい職場とは、人間にとっては良いことでも悪いことでも何かが起こった場合、それをいい方向に解決する協力体制があるということです。家庭もある意味で、そんな風に効率の良いビジネスの場と同じであると言えます。それぞれが、お互いの良さを引き出すメンタリティを持っていれば、良い仕事へと繋がります。

私の場合、新しいことに飛びつきやすく、そのために、それまでやったことのまとめとか、再現性のある情報の処理が苦手でした。一回一回、あたかも初めてのような仕事になるため無駄が生じます。何もかも一人でやらなければと思い、それを言い訳にして、なかなか変わることができません。

今の夫は一級建築士で、私と知り合う前、四九歳で脳出血で倒れ、一瞬にして左半身不随になってしまいました。

今持っている情報を無駄なく使うという発想で分かりやすく伝え、さらに原型を超えたものを生み出せる感覚を持っています。

この感覚が乏しい私は、中身はあっても、目に見えやすい形を表現できないままになっているのかも知れません。

私には一貫してやりたいことがあります。夫の「身体の障がい」は気になりませんが、いじけたり不寛容になると、足を引っ張られるようで耐えていく自信はありませんでした。

元気であっても、やはり障がい者なので、介護が必要になります。誤解を招くかもしれ

2017年12月14日入籍
初婚の新郎（当時67歳）、再婚の筆者

ませんが、私は生産者であり続けたいために、それが可能でさえあれば、介護にストレスを感じることはほとんどありません。年齢に関係なく社会に何かを提案したいと思っている人ほど、それをお互いが補填して支え合うパートナーの存在が大事です。私は自分の作った仕事が好きです。それを理解をしてくれるパートナーであることが必要です。

あとで考えると人の縁ほど不思議なことはありません。最初の結婚当時の私は、他人のアドバイスを聞く耳はありませんでした。「私は何か、特別なことができる人」との想いが突出していました。夫が仕事で疲れて帰ってきているのに、大学ノートに手書きで書いた小説を見せ、「今日中に読んで感想がほしい」などと言っていました。いろいろな場所に旅行に連れていってもらい、頭の中に引き出しが増やせ、誰にも期待されず、自分の思うままに放っておかれた状態が、自分を知り、落ち着かせてくれた重要な年月だったと思っています。

その後離婚してからは、姉夫婦に救われました。二人とも何も言わずに、支援をしてく

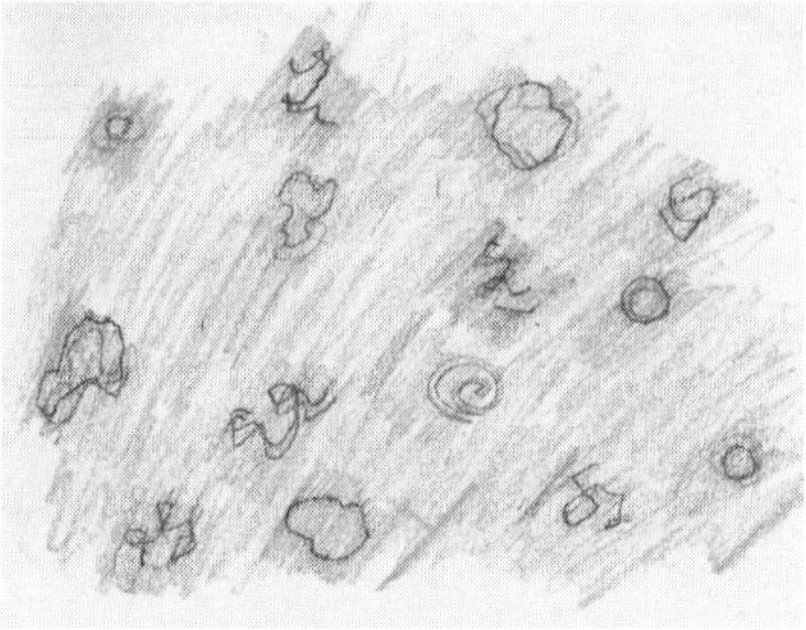

〔テーマ：砂場〕
見えない情報が存在する

れました。その後会社を設立し、社会に何らかの責任を持ちたいと思えるようになった時期です。そして時を経て、再婚しました。

その間に、出会った方の一言から救われたことが沢山あります。

▽「心の健康は医師など専門家だけではなく、多様な人達の視点が必要です。がんばってください」

▽「画から人の心理状態を洞察するという、黒須さんのアートセラピーの解説が各人すべて的中していました。心を病んだ人々や、メンタルヘルスで悩んでいる人々の福音となることを切に希望します」

▽「自分を丸ごと表現する場を持たない人が沢山います。でもみんな自己表現の機会が必要です。これからの社会と人に必要なお仕事です」

▽「宇宙のなかで、最大にして最高の謎は自分自身であり、自分とは何かということである。それを探るのにアートセラピーは、とても興味深く、楽しく体験しました」

▽「仕事で命をかけなくてもいいんです。命がけでやるというのは、本当にそういう状況になったことのない人の言葉だから」

ステージ　Ⅱ

私のアートセラピー

いつでも飛べる

　ささやかでも、自他を潤わすノウハウを持っていれば、死ぬまで、人間関係の現役でいられる。

「一緒にいるだけで幸せ」は続かない。

　真の明るさに裏打ちされた知恵が自他の人生を救済していく。

❶ 進化し続ける

(1) 一人一人に見合ったメソッド

「私のアートセラピー」は、アートセラピストである私の出すテーマに沿って、受講者が三分以内に画を描き、そこから、お互いの対話が始まります。

その画用紙には、心が映しだされます。描くという言葉以外の目に見える自己表現を持つことで無意識の内面をも知り、どんな人生を生きたいのか、そのためには、どんなことをして、どんな感情を手放せばいいのかが、対話を通じて自身で分かってきます。

「私のアートセラピー」から、受講者一人一人が望む未来を掴む、道しるべを探し出したいと思っています。これは、私が今までに培った知識や体験から紡ぎだした、一つのメソッドです。

これを私は「クロスメソッド」と名づけています。無意識に作られた心のプログラムを、心の底から掘り出してきて、「見える化」するプロセスが「私のアートセラピー」です。

描かれた画からビジョンが現れ、描き手である受講者を、過去から現在を経て、より良い未来に導きます。

多くの心の課題は、自身の問題でもあるという認識が必要です。心の引き出しを増やし、自らを解放することが重要です。このプロセスには時間がかかります。長年かかって自ら作った心の規制を緩やかに解きほぐします。その手助けをさせてもらうのが、アートセラピストである私の使命です。

自分が変化すれば、仕事の内容も変化します。自分と仕事が同時に変化できることで、生活のすべての面で進化できることがとても楽しいことです。

(2) 心のあり方に、早く気づく

まじめに生きて、それなりの環境にいても、先々のことを考えると不安が募ります。親だけでなく自分達の介護や、それに伴う経済的な不安に襲われ、特別に楽しいこともなく日々が過ぎ、体調も悪化して不満が増していきます。

ひと通りのことをやれば、それでよかった時代から、「私は何がしたいのか、こんなはずではない」と思い悩む人達が、案外増えています。周囲からは我儘や贅沢だと言われたりもします。かつての私もそうでした。いろいろな可能性に満ちているように思える端から不安が広がっていきます。先の世代が命をかけて作った自由な時代を食べ尽くしてしまいそうです。こんなことなら、誰かがすべきことを決めて、いっそ寿命さえ決めてくれれば楽だと思う人も出てくるかも知れません。

私達は、本当の不自由さを知らないために、自由を使いこなせないかのようです。その大きな原因の一つが、職場は必ずしも、その人の全体を必要とする場ではないということです。即、役立つ能力だけが求められ、本人の優れた他の能力が活用されていないことがあります。そのストレスが多方面に暗い影を投げかけています。それは今、家庭にも押し寄せています。

身も心も置き場がないのに挑戦したいという思いが、かえって自分を痛めつけます。気分転換に単に消費に走っても、根本的な安らぎを与えてはくれません。

バブル期にずっと好景気が続くと思っていた人も大勢います。今になって節約と言われるなら、もっと早くから言ってくれていればと誰もが思いがちです。心も、そのあり方に、もっと早く気づいて、誰かが言ってくれていれば、今とは違った人生になったと思えることもあるはずです。

「私のアートセラピー」は、描いた画に過去からのメッセージを受け入れた上で対話し、そこから「望む未来」を自分で掴んでいくというのが大きな特徴です。

どこかで自分を振り返らない限り、私達は成長できません。「私のアートセラピー」で振り返ることで、絡まった自分の人生を体系化できます。幸せになりたいのかどうか、その分岐点の年齢は、社会のスピードとともに早まっています。強引に不安を押しのけ、納得しないままに進んでも、私達は年齢とともに後悔をさらに大きくします。

(3) 誰彼ではなく、求める貴方のために

「私のアートセラピー」は誰彼ではなく、自分に問いかけ、自らより成長したいという人に、役立つことができます。

企業研修で五十人ほど集まると、その中にリーダー格（前者）で部下（後者）に不合理なきつい言動をしている方がいます。それが原因の一つで職場を離れる部下もいます。

前者の画は誰が見ても、ひときわ濃く、目立っています。その方に私が伝えるには二割くらいは、「部下の気持ちにもう少し寄り添えば、もっと、お互いに働きやすい職場になるかもしれません」ということです。

しかし、大体、前者から返ってくるのは、「そうなんです。私って、こう見えて周りに気を使いすぎて疲れるんですよ、どうすればいいですか?」という言葉です。

一方、後者は、とても気がつき、優しくて、そして疲れているタイプで、「自分でもも

っと相手を良く見て、対応を変えるべきと後悔することが多いです」と言われます。

一見すると、前者に問題があり、後者はいい人で、組織の中で疲労している可哀想な人に映るかと思います。

しかし心の面から見れば、両方に改善点が見えてくるのです。前者は良くも悪くも言った結果が自分に返ってくるので、いつかは自分の偏りに気づく機会が訪れます。後者は、受け身になるばかりでストレスが蓄積していきます。いずれは、リーダーになることもあります。求められるものを知り、自分の感性をそれに適応させていく努力が必要になります。また、前者のような人を心の中で否定することで、実は、自分を狭い価値観の中に閉じ込めています。

「私のアートセラピー」では、遠慮がちな、言いたいことを言えない、自罰的な、自分の良さが分からない、そういう人達に特に効果が見られます。

人は、やはり活躍する方が人生は楽しく、自分の弱さを一つでも多く克服する生き方が、自信をもたらします。人生の中で、時には、髪を振り乱し主張するような体験も必要です。人生に起きることには無駄はなく、そんな状態の経験を、深いところで自分が必要とするために、問題が起きることもありえます。激しい主張の体験があるからこそ、対話の重要性に気づくことができます。

今からリーダーに必要な資質を学ぼうとすることが重要です。今の時間をストレスを抱えたまま過ごすのではなく、繰り返さないためにはどうするかと考える、未来への準備が常に必要です。その余裕を今に持ち込むためにも、自分を客観視することが先決になります。

感じやすくて、疲れやすい、言いたいことが言えない、いろんな感情を受け入れ、怒りや悲しみを自分のことのように感じる人達は、より多くの思いに悩みます。それを一つの能力とするには、相当の自己コントロールが必要です。身に付けるには時間がかかりますが一度、体得すれば、役割が大きくなっても、冷静に向き合うことで安定できます。

いい人に見える人ほど、実は、先々の限界があります。何もかも自分で解決しなくてはという心情になり抱え込んでいきます。嫌われる非難されることを成長のために受け入れていく体験がどうしても必要になります。そのプロセスの通過後に真の優しさや温かい強さが現れてきます。自分の特質を一回見失うことで生まれ変わり、他者が気づくほどにいい表情に変わります。

諦めてしまうことが、大きな後悔に繋がります。何のために生まれたのだろうという問いへの答えは、そう簡単には分かりません。

分からない時期に、努力が手につかず現実をさぼっていると、取り返しのつかないことになります。悩みつつ、衣食住を大切に、人を大切にすることから、答えが徐々に見えてきます。強引なリーダーも自分の画は実はずっと記憶に残り、はっと気づく時期が来ます。画からのメッセージは本人が受け取るまで消えることはありません。

私達は、それぞれの心を持っているために、他人の心が手に取るように分かることはありません。相手の立場から、きっとこうなのでは、と推し量っています。多くはより立場が弱い方が強い方を推測しなければならないことが多いです。

自分の心をコントロールすることによって、相手の心の変化に気づきやすくなります。思いやりの無い人は、推測能力がずれています。自分の心が真に穏やかであれば、相手の心がぶれても、自分を守ることができます。相手の心を読み取る能力をお互いのいい方向に使える人が、本当の強い人ということになります。

❷ 描いた画とコメント、そしてアートセラピストとの語らい

(1) 論理的に読み解く

もし使い道の分からない機械が目の前にあれば、私達は、好奇心より不安に思うはずです。世にあるものは、多くが、その存在理由を持っています。私達も、存在理由を持ち、そして持たされています。心が不安でいっぱいな人は、その存在理由が本人にも他者にも分かりにくくなっています。

同じテーマで描いた自分と他者の画の違いが、自分の存在のよりどころとなります。最初から細かく分析するのではなく、普通の人が展覧会での「絵」を見て思う感想から、「私のアートセラピー」はスタートします。

画家が構図等々を意図的に描いた作品を「絵」とし、「私のアートセラピー」での、誰に見せるためでもなく、おもむくままに描くものを「画」と、私は表現しています。

徐々に画を構成する条件を細かく見ていきます。画を構成する要因は、左に示した項目

です。

①色彩
②フォルム
③線の強弱
④空白
⑤全体の構成

これらの要素以外に、本人の表情、描くスピード、描く姿勢、描く態度、画に文字の記入があるか、グループで行う場合、隣の人を見ながら描いているか、最初の一線を描くタイミング、画用紙を塗りつぶそうとしているかどうか、使うクレヨンを余裕を持って選択しているかどうか、描かれた画とともに、描き方もとても重要な要素です。

例えば、決まったサイズの画用紙に、長年の積もった想いを描くと、左の項目が考えられ、見て取れます。

気が強そうな人（前者）

①塗り重ねる

②対角線が、長さが最も長いので、対角線上に描いていこうとする
③ジグザグや渦巻きが多い
④濃く対立的な色使いをする
⑤塗りつぶす
⑥画用紙からはみ出して描く
⑦周囲の雰囲気と関係なく一心不乱に描いている

一方、見た目や言葉遣いが大人しく見える人は、次の項目のようです。

気がおとなしそうな人（後者）
①簡単に描き終わる
②クレヨンにもあまり関心を持たず、色にいい意味での執着がない
③空白が多く、細い線が多い
④人が線だけで描かれる

こういう傾向が多数、体系化されます。そして私との対話で前者は、一方的に話をすることが多く、後者は、他人に意見を言っても仕方がないと、長年諦めてきたことを話し始

めます。

様々なタイプの方がいますが、共通して、今までの自分のあり方を受け入れ、人前で認めていきます。そこから第一歩が始まり、やっとそれを手放したい心境にまで、自ら静かに決心をしていきます。何枚か日を変えて描くことで、前者はもう、塗りつぶしをしなくなり、後者は、豊かな色彩を使い始めます。本人の描いた画、本人のコメント、私との対話、この三位一体の流れによって、より安心感のある、自分を信じられる心境へと自身で移行していきます。

人間関係の問題は、相手の言葉だけではなく、その場の匂いや室内のインテリアなどが様々な圧迫感となり、その残像が本人を苦しめます。言葉だけでは人に伝えにくく、問題の核心に気づけないことがあります。

しかし描くことで、初めて私と問題を共有することができます。

共有とは相互理解の大事な一歩であり、画は言葉を超えた気分を表現することができ、嘘のない情報が自分への信頼の礎になります。意図的には決して描けないことが、とても貴重な発見を本人にもたらします。

描くことは同時に「美」の世界への一歩になります。「美」の多様性、複雑性への好奇心となり、心の中に豊かな引き出しを持つキッカケになります。風景や何気ない野草にも美しさを感じ取れる心へと広がっていきます。そばにいる人の言動や表情から、その人ならではの魅力、つまり「美」に気づける資質が幸せを引き寄せます。

(2) インスピレーションで読み解く

描くことと内面はリンクしている、その象徴としての二例をご紹介します。

画用紙に一点を描いてみます。それでは動きが無いので、もう一点を描き足します。その離れた二点を繋げてみると、そのまま線になります。それでも物足りないので、もう一点を付けて、つなげると三角形になります。

これで初めて面ができます。面ができると中を塗りつぶしたくなり、そういう意味でも三角形はとても意味を感じる図柄です。

二点を繋いだ線上に人を描くと、不安定感があるので、線で描く人を描きがちです。しかし三角形の面になると、服を着た立体的な人物を描きたくなります。一つ面ができると、もっと描きたくなり、これが幾何学になります。それぞれの形が実は深い内面とリンクしています。画用紙いっぱいに描くと、別の画用紙に変えたくなります。

その時、先に描いた沢山の三角形は次の画用紙では、三角形が一つに集約されることがあります。最初の一点以外に描きたくない人は、その周りをぐるぐると回る手の動きが生まれて渦巻きに近くなり、見ているほうも吸い込まれていきそうです。手の動きが制約された時はイコール、心に制約があり、自分の心情がエンドレスな渦巻きというフォルムに同調しやすくなります。

もう一例ですが、向こう岸と川を挟んだ道があれば、人は、咄嗟に橋を描きたくなります。地上にいる人が、屋上に咲いた花を見つければ、それを見たくなり繋ぐ梯子を描きたくなります。人には、何か離れているものを繋ごうとする意思があります。向こう岸がコンクリート造なら、金属の橋を描きます。人はそこにあるもの、ある人の言葉から反応が生まれます。心に良い環境とは、自然に良い方向に導く、引き出し方が生まれる場所です。努力とは、良い引き出しを見つける能力と関係しています。

〔テーマ：橋〕怖いけれど渡りたい

逆に、良くない居場所を良い方向に変えるのは相当難しいものです。

幸せとは、何かを繋げようとする行為であるとも言えます。風通しとは、自分の横にいる他者とも繋がっている状態で、鵜飼いのように、中央の一人に他者が繋がっていることではありません。繋げ方に個性が表れます。「橋」などのテーマで描かれる画からそんなことを感じ取れます。

橋を修理しても、次は壊して新しいものを造る必要が生まれます。向こう岸とこちら側での合意が必要です。人間関係において合意なく壊していないか、が重要です。相手と対話ができる人は、いきなり壊しません。

解決方法がないような発言は、周囲からの孤立が考えられ、そのような方は、環境とのバランスがとれた適切な橋を描くことができません。

以前、「好きな食べ物」のテーマを出すと、メロンに綺麗な果物ナイフが刺さっている画を描いた五十代の女性がいました。お聞きすると、一年前に亡くなった母親はメロンが大好きだったそうですが、ご本人は自分が結婚してからずっと、親孝行らしいことが何もできず、後悔していると言われました。母親はとても明るい性格だったとのことです。きっと娘が悲しむことは望んでいないはずです。果物ナイフは、心の再生のために、後悔を「切る」象徴のように思えました。娘が前に進めるように、何らかのメッセージを送り、亡くなっても娘に生きる力を与えている気がしました。

そうお伝えしたところ、しばらく涙ぐんでおられたのを覚えています。

アートセラピストは、その画から両義性を感じた時、必ず、本人が一歩前に進めるメッセージを選択する必要があります。

少し分かりにくいかもしれませんが、このように、内面と行動の関係が、様々なテーマから描かれた画を通して展開し、本人が「望む未来を掴む」ために必要な重要なことを発見できるようになります。

色の一例をご紹介します。怒りでカッとしている状態を表すには、色は赤を選びやすいものです。そこに他の色を持ってくるとしたら、やはり黒になり、赤を際立てるには、相応しい色です。グレーやピンクを持ってくると、赤を使いたかった激しさは感じづらくなります。黒を際立たせるのは黄色で、警告情報に使われます。同じ激しさでも赤は、感情的な、あけっぴろげ感があるのに対し、黒は、論理的で隠すようなエネルギーがあります。

思い切り赤を描いたはいいが、ちょっと後悔した場合は、赤を目立たせたくない方向に変わっていきます。言いにくいですが、慎重というより度胸のない人に思えたりするものです。

色の組み合わせは、無意識に本人の情報が表れます。通常の絵の上手い人が、「私のアートセラピー」においては、案外面白くないのは、学問として色の組み合わせが学習されているからです。その色を選ぶ内面の必然性という直感が勝っている方が、個性的です。

ステージ　Ⅲ

幸せの種を増やす

いつでも飛べる

自分の心が動いていれば、動かないものは近づけない。

動く者同士は、良いこともそうでないことも、幸せのためにいいように取り扱う能力を持つ。

そんな能力を持つ人が徐々に増えていく。

❶ 進め方

(1) 個人

目の前に受講者が座った時から、「私のアートセラピー」は始まっています。本人の服、ヘアスタイル、そんな目に見えることと、全体の雰囲気は、そのまま本人の生活、そして内面の情報でもあります。

最初に「今、気になっていること」を聞きます。そこからテーマの選択が始まりますが、予定していたテーマの場合もありますが、即興的にその人のためのテーマを生み出すこともあります。

例えれば、山登りの時に具体的に懐中電灯や食料が必要だと伝える人もいれば、抽象的に、安心して一緒に行ける友人が必要だと伝える人もいるという違いがあります。具体的か抽象的か、どちらの視点が受講者にとって、受け入れやすいか、気づきやすいかの選択は私がします。

心に寄り添う仕事は、表情を見て言語外の情報を受け取ることが必要です。そして大枠でそれを体系化ができます。
若い女性であれば、恋愛、結婚、始めたばかりの仕事への不安、中高年であれば、家族、健康、仕事、自分の生きがい、親の介護などといったテーマです。

人の生きる基本は、童話と似ています。泣き虫の子供が旅に出て、いろんなことが起き、そのたびに友ができ、また友と仲たがいしつつも、お互いに信頼できる友となり、だんだん元気になっていくこと、しつらえは時代で変化しても、そのストーリーは人の成長の原型だと思います。

その途中の問題に足をとられ、それは水たまり程度なのに海だと思ってしまう。描くことは客観性をもたらし、海原にすることを自らストップできます。

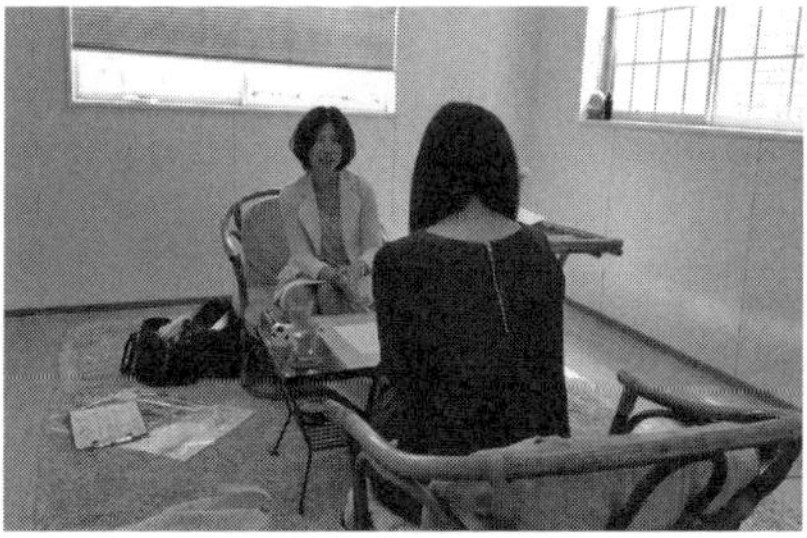

個人のアートセラピー

自分の服を踏まれて平気な人でも、自分の画を踏まれたら嫌な気分になると思います。そういった意味でも画は、本人の存在そのものと関わっています。何回か来られそうな方には画からのより深いメッセージを届けますが、一度切りの方には、あっさりとしたメッセージを送ります。自分の長い間の心の習慣に気づき、変えていくことは慎重にすべきだからです。

⑵　グループ・法人

やはりまだまだ企業は男性が多く、最初から、『私のアートセラピー』と聞くとうさんくさい、とか、「クレヨンなんて幼児でもあるまいし」などと思っていることでしょう。そんなことが何の役にたつのか、と思うのも、よく分かります。

企業は今後、多様化するユーザーニーズに応える商品開発やサービスを、今後の課題の一つとしています。それを作り出す会社の体制や、社員の働きやすい職場環境が求められています。

その一つが、風通しの良い社風作りです。我慢はそのまま過剰なストレスに繋がります。一緒に描くことで、上司も部下も画から、お互いの「素」を知り、「その人」を垣間見ることができます。それは飲み会とは、また別の意味を持ちます。

日頃は大人しいのに画が激しいとか、現実的だと思っていた上司が案外とロマンティックな画を描くなど、その意外性に驚くこともあり、セミナー九〇分の間に心の交流が生まれます。

だからといって、すぐに風通しが良くなるわけではありません。しかし少なくとも、世代間の仕事への感覚の違い、女性社員の思い、部下への怒り方の見直しなど、体験を活かせる人であれば、後日、その効果を理解されるはずです。始まる前には、講師である私に懐疑的な表情を浮かべていた人も、だんだん真剣な顔に変わっていくのは、とても嬉しいことです。

部下を日頃から「ダメなやつ」と思っている人が、自分の心の乱暴さに気づき、もっと丁寧な心のプロセスの必要性を実感したりもします。自慢することがないと思ってる人の画にみんなが関心を持ち、本人が驚いたりします。

企業のアートセラピー

企業研修で伝えたいこととして、暗に私が設定していることは、仕事は、「責任感と柔軟性」というキーワードで、遠回しであっても解説のどこかに組み込んでいます。

一枚の画用紙に複数で描く、初めての共同作業なのに、思いのほかまとまった画となったり、あの人（上司や部下）がこんな画を描くんだなどと、日頃からは知り得えない情報に、短期間で雰囲気が和み、この一体感（チームワーク）が、研修効果を上げます。それは今、企業が求める、生産性を上げる要素の一つです。

企業などで「私のアートセラピー」をすると、画からはとても高い感性を感じるのに社内で浮いている人がいます。私が何気なくその画の面白さを話すと少し顔がほころび、一年後くらいに、その人がとても活躍しているという話を聞いたりします。多様な才能に恵まれているのに、会社ではその力を発揮する場がなく落ち込んでいるのは残念な状況です。「私のアートセラピー」を体験し、少しでも自分の持っている魅力に気づき、できることから少しずつでも自信を積み重ねてもらえることを嬉しく思っています。

(3) 受講者の感想

「悩んでいることや癒しを共有できるのがすばらしい」（男性五〇代）

画を描くことは普段の生活にないことなので、最初は、特に男性は抵抗がありますが先生はセミナーへの導入が上手ですので問題はないようです。

反対に受講者は画用紙と苦闘している自分を見て楽しんでいるように見えます。自分が描いた画や周りの人が描いた画を次々に解説するやり方ですが、悩んでいることや癒しを共有できるのがすばらしいという声を聞いております。

「なぜ人は留まるのでしょうか」（男性二〇代）

なぜ夢を見てまだ見ぬ郷愁を恐れ、世界を測量し続けるのか、僕はその可能性と不可能性にとても興味があります。アートセラピーによって描かれた思いが、色や形になり私達に語りかけているのかも知れないと思います。

「あれは良かったねえ」（女性四〇代）

あの時にお願いしたアートセラピーは、今でも同僚と話し合うことがあります。「あれは良かったねえ」と。それはそれで良いのですが、「良かった」というだけではなく、私はいつも同僚の描いた画と先生のコメントを考えることがとても多いです。アートセラピーで先生のおっしゃるような「変化」があったというより、「警告」があったのに生かせなかったと言っていいのではと思います。新人職員があの時に二人参加していて、その二人が描いた画をみて先生が「この二人は職場を映し出す鏡みたいな存在」と言われました。その後、一人が「対人援助」の部署に移り仕事について行けなくなり、精神疾患を発症して一昨年退職しました。周りがとても忙しく、彼女のような繊細な人に配慮できなかったのだと思います。

「体験前と全く違う笑顔に」（男性五〇代）

介護現場では、多くのスタッフが、怒りっぽくさえなければ、人の悪口さえ言わなければ、逆にもっと自己主張をしてくれれば、多少は介護が楽なのにと思っていることでしょう。身体は快適な環境にあっても、心に不満と不安があれば、快適さに感謝することもできません。心や意識は、人や物事を運営運用するためのエネルギー源であることを、一人でも多くに気づいてほしいと願っています。それによる活性化、安定感が、今後数字的には破滅的でさえある日本を足元から変えていく力になります。

「とてもいい刺激をいただきました」（男性四〇代）

社会が、心の健康に関し、いわばデジタル的でマニュアル化されたものを志向する流れなので、先生のアートセラピーのセミナーはまったくちがう道を「直接」受講者の方々に示されまた、受講者の方々もそれを「実感」しておられたように感じられました。わずかな時間の見学でしたが、気持ちを新たにすることができたように思います。とてもいい刺激をいただきました。

(4) 自分への諦めを希望に変える

人が集まれば、家庭でも企業でも風通しは悪くなりがちです。

ひと昔前は、集団規律や一致団結を求めることが、運動会や社員旅行といったイベントの効果として求められていました。今は、多様性や個性を重視した上で、風通しを良くすることが求められています。

運動会は、どちらかというと運動嫌いや苦手な人にとっては、身体を人前でさらすことになるため、あまり乗り気になれない行事です。同性でも身体の接触には抵抗があるなど、久しくイベントから遠ざけられていますが、最近は見直されてもいます。

パワハラが横行している状況では、個々の意見が違うのに説明も不十分で、納得もしていないのに従わなくてはいけない、高圧的に同意を求められる、などのことが様々な場面で起き得る可能性が高くなります。違いを認識した上での協力は、何とか適応できますが、結果への同意に強制性があれば、次第にやる気をなくしていきます。

〔テーマ：リラックス〕編み物をしている時

「私のアートセラピー」では、その違いを認識できます。それが風通しであり、各自の能力を発揮しやすい職場作りに繋がります。

家族も同じですね。意外な側面を知ることで、自分の思い込みが是正され、親として正しいと思っていたことが、子供を押さえ付けていることに気づきます。他者の画を見ることで自分とは違うということが、否定に向かうのではなく知的な理解に向かうことが、本当の風通しを良くします。

父親自身は自分の怒り方が自分では普通だと思っていても、家族の描いた父親がとても怖い場合、「こんな風に感じているんだ」と、初めて気がつきます。

同じテーマで描いた家族や他人の画を見ることで、相対的に自分を知ることができます。

会社や家庭においても、地位の高い人や大黒柱の意見に逆らえる人は少ないものです。そういった人達は、自分が知らない間に周囲の意見を封じ込めていないかどうかの自覚が必要です。退職をした途端に、あれだけ面倒をみたのに、皆が遠ざかっていったと嘆く人がいますが、本人が気づかないうちに、周囲を抑圧をしていたのかも知れません。そうならないために、常日頃から自分を多様な視点で客観視することが必要になります。

❷ 自身の幸せの種を増やす

(1) 「心」のありようが自分と世界を変える

実際の「私のアートセラピー」の流れ

①テーマに沿った画を描く
②対話を通じて描いた画から受講者の深い内面の感情を知る
③その感情が求める、自分を幸せにする生き方に気づき、実践する

実践に伴う効果

①人に会っても自然体でいられるようになった
②自分の過去を否定しなくなった。生まれた家庭を含め過去の否定は未来の否定だと腑に落ちるようになった。身近な家族の人生は、自分にとってとても貴重な体験だと分かるようになった
③気がつくと長年の体調不良が少し改善され、身体の健康と心は密接だと実感する。心配

なことがあっても食事を美味しく感じる

④心が芯から明るくなったことで、将来への幸せへの貯金を殖やしていることが分かった

⑤心が穏やかになったことで、周囲や社会と、サーフィンに乗っているような乗り心地になる

⑥楽しくなれば、案外と人生は短いと思うようになり、今という日々を繊細に豊かに暮らしたいと思う

⑦一人の時間の大切さが分かる、でも家族や友人の心の中に、きちんと自分が存在し大事にしてくれているのが分かる

⑧苦しい状況でもくさらずに生き抜ける人達は、胸の内に自由に心が飛び交う美しい世界を持っているんだと思えるようになった

⑨本物の知性を実感できる

⑩「二年後の自分」というテーマの画に、驚くほど未知の新鮮さを感じ、画が自分に方向を与えてくれるのを感じる

世界を形作るのは行きつくところ、一人一人の「心」のあり方です。

誰しも年齢とともに身体能力は落ちます。それを補って幸せに導く力は、継続した心の

在り方です。徐々に自他を壊しかねない本音から、共生のための本音へと変化します。

人の心というエネルギーは、いばったり抑圧したり、管理したり、嫉妬したり、一方、ただ優しかったり、従順すぎたりすることに使うべきではないと分かってきます。その使い方が分からないから、様々な問題が起き、大きな視点の魂が、そのバランスを取ることを暗黙に伝えています。

一つバランスが取れれば、また次がやってきます。そして人は、ささやかに見えても冒険を怠らないことで、今、手にしている生活から喜びを見いだしやすくなります。家族が起こした問題も、その対応において、多くの気づきを得ることができ、二次災害を防ぐ賢い行動ができます。

例えれば使い勝手のいい食器というだけではなく、その人らしいより美しい食器を作ることへの冒険です。冒険することで、次の自分に出会え、より好きな自分を発見できます。冒険とは日常生活での感覚を、少しずつ変えていくことでもあります。次の自分になるためには、また問題も起きますが、傷つくことに気づき、健康を築くのと同じことだと理解できるようになります。

先進国である日本では、もっと本音を言い、無駄をなくす働き方や、安心して思ったことが言える生活が精神的レベルを上げていきます。

知らない間に例えれば生きるための網の目ようなものが、どんどん目が詰まって、突破口がないように思っている人もいると思います。「私のアートセラピー」は、そんな心に広がる諦めが自分を再発見することで希望に変えることが可能になります。

(2) 今の居場所で実践

「私のアートセラピー」で望んでいることは、自分で画を描いて、様々な想いや体験を、体系化することによって、自分なりの心の配置図のようなものを持つ人が増えてほしいということです。

「対人関係が苦しい」というテーマを、あまりに長く持ち続けると、幸せを遠ざけます。対人関係なくしては、人はきっと一分も生きていけず、どうすれば少しでも楽しくなるのかを知り、その体験を増やすことが一番重要です。人が苦手、嫌いと思い過ぎることで、重要な人間関係の構築を見失います。

自分だけではなく、人の幸せも考えられる優しい人は、それによって、バランスを見失うことが多々あります。職場関係、家庭、友達関係、そのどれかで、人嫌いになれば、どんどんそうなっていきやすいものです。物には、その上手な使い方があるように、感情も幸せのためのいい運用方法があります。

それは、一生を通じて個々に得ていくものですが、晩年になってから、もっと早く、その方法に気づいていればと思うはずです。一生の間に、「生きることはつらい」「つらさの意味を知る」「意味を知って、幸せへの応用をしていく」この三段階を得ることができれば、晩年になるほど、幸せを感じることができます。

家庭や職場に、その三段階目にいる人がいれば、その言動を見ることで、他の方の生き方の参考になり、一人一人から心の闇が減少していくと私は考えています。そういった意味で、職業としてのアートセラピストというより、自分の生活圏の中で、アートセラピストの視点を持って頂ければ、との思いが強くあります。

きっと昔は、いろいろなところに、「心を知っている」人がいたのではないでしょうか。今は、効率的に適応するために、本質的な心の置きどころを見失いがちです。

アートセラピストとは、正論を伝える人ではなく、静かに、画を通じて本人が語り始めることから、双方で本人の求めていることを発見していきます。ただ、本人が情熱的過ぎた場合、そのままだと岩場にぶつかることが数枚の画から感じ取れれば、「待つ」要素をまた、別のテーマの画を描いてもらうことで本人に伝えていきます。

説教ではなく、指示でもなく、画を通じて、受講者が主役となり、アートセラピストとともに、たんたんと心の配置図を作っていきます。そんな心の状態を作れるようになれば、生きることはずっと楽しくなります。今いる場にアートセラピスト的な人が増えればとの思いから、アートセラピスト養成講座を開講しています。

物質を追い求めていた時代から価値感が変わり、これからは、「あの人はなぜ、幸せが増えていっているんだろう?」と気づく人もいます。そんなキャッチボールによって、少しずつ、心を大事にする環境ができ、子供や若者が安心して人生に挑戦できるようになることを心から願っています。

画の分析において、アートセラピストが、どれほど、受講生や画に客観性を持とうとしても、人のすることには、やはり感情があります。分析したことを伝え、対話するには、アートセラピスト自体が、日頃から穏やかさを育んでいることが大切です。これは、現実的には結構ハードルが高い生活の過ごし方になります。アートセラピスト自体が、人の幸せな方向にヒントとなる生き方をしているかが問われます。

次に、受講者からの感想をご紹介します。

(3) 種まく人達から繋がりが広がる

①渇望していた自由とは、とても身近なことから感じられる

テーマを言われると手が勝手に動き出す不思議な感覚、深刻さが生まれない、クレヨンが滑る楽しい感覚。もっと描いてみたい、もっと自分を知りたい気持ちからすぐにアートセラピスト養成講座を申し込みました。

私はいつも窮屈さや、生きづらさから自由になりたいと思っていました。自分らしさが理解されない、もっと理解されたい。そして、やらなければならないことや、世間体、それなりにきちんと個人として、妻として、母親としてやっているとみられたい、に押しつぶされそうな時もありました。そして私、ではなく身近な人に変わってほしい、理解してほしい、という思いがありました。

でも自分には過剰な自信と、心の中には自己不信という箱があり、時々蓋が開いては苦しんでいました。理解されたいけれど、分かったように接してほしくないという矛盾の中で、周りも苦しかったのではと、今では思えますが。

講座を始めてからは、無意識だった感情や心の状態に光を一つずつ丁寧に当てていくことで、自分という人間が何となく色や形で見えてきました。

今の私は、変化していくことに焦りや不安を感じなくなり、生きづらさより、面白さを感じています。一番の敵であった自分が、寄り添う理解者になり、どこか傍観者だった自分が、他者と関わることに広がりを感じるようにもなり、被害者意識がなくなりました。

そのことで、家族や友人ともお互いの成長を助け合う関係を築けるようになったと思っています。

そして渇望していた自由とは、遠くにあって求めるものではなくて、具体的でとても身近なことから感じられるものだと思えるようになりました。それは繰り返し伝えられたメッセージでもあり、私が無意識に何を求めていたのかを、それなくしては、理解することはできなかったと思います。そして健全な形、自分の思い込みに囚われずに現実的に進んでいくこともとても難しかったのではと思います。（受講生ＭＫ・女性五〇代）

②自分らしく生きたいという切実な想いが、今を創る

二〇一七年三月に通信教育で美大の日本画コースを卒業しました。ここに至った経緯を振り返ってみると、やはり何かに導かれたように実感しています。

黒須先生のアートセラピーはクレヨンを使って与えられたテーマに沿って自由に描きます。クレヨンのやわらかさと手が自然に動く感覚は子供の頃に還ったような懐かしい感覚でした。

それまで自分が抱えていた問題、溢れる様々な感情を抑えきれず、またそれが何なのか自分でも分からず、どうすることもできない状態だった時で、まるで引き寄せられるようで、養成講座を通して自分の内面を知ることで納得し行動ができるようになり、心が軽く

なりました。沢山のメッセージの中で特に心に残っているのが「すべては自己責任」という言葉です。今の環境や状況は周りのせいではなく、それまで自分自身が選び創ってきた結果であるということ。

そう考えると前向きに行動ができるようになりました。自分ではどうすることもできないような状況もあるかもしれませんが、希望を失わずに歩んで行く。それが生きるということではないかと、この年齢になって感じています。

アートセラピーに出会う少し前にヨガを始め、大学での学びでは更に新たな世界が広がり、先生から「情熱、想いが良い絵になる。上手い下手ではない」と言われ勇気が出て、「絵はその人を現す」との言葉にアートセラピーと繋がっていると感じました。

これまでの人生で私は自分らしさについて考え、自分らしく生きたいとずっと想ってきました。それはかなり切実だったのです。私だけではなく誰しもがそうかもしれません。ただ、それがどういう生き方なのかが自分でも解らないでいました。このような私自身の切実な想いが、今を創ったのではないかと感じています。それは黒須先生のアートセラピーをはじめ、ヨガや様々な出会いによって導かれたものです。（受講生ＭＩ・女性五〇代）

アートセラピー事例集 解説

テーマ-1　後悔を箱に入れるとしたら―1

意図

人には、それぞれ後悔があります。どんなイメージとしてそれを心に持っているかは、未来に大きく影響します。その持ち方を認識することで、今後の扱い方を幸せな方向に持っていくことができます。きちんと「後悔」を知ることは、何かをきっかけに、過去が全部自分の敵になっていくような思いから、自分を守ることができます。いつも人生を楽しめない人は、過去からの後悔が今を食いつぶしています。

男性 50代

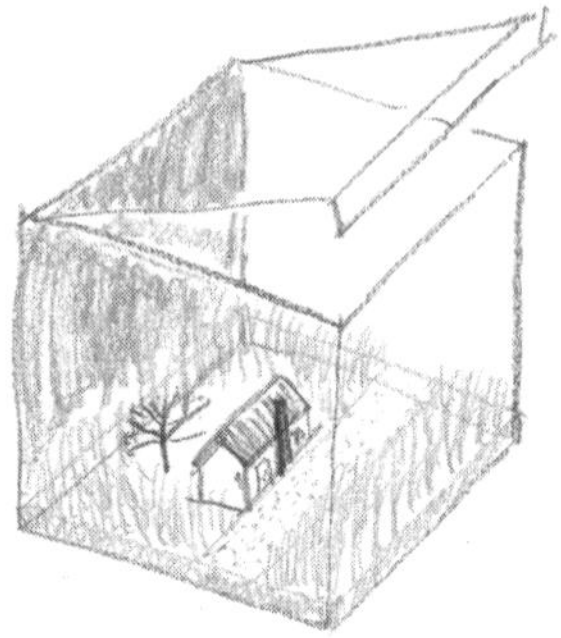

アートセラピスト

ご本人の気持ちとは違い、画は美しく、背景には青空がちょうどよい濃淡で広がっています。箱も透明で蓋が少し開いています。言葉では、苦しみの象徴ですが、潜在的には、何か苦しくなった時、その原風景を時折思いだしていたのではと思います。自分の負担になっているというより、必要な時に記憶の箱から引き出し、親への感謝を含め元気をもらっているようにさえ思えます。いつでも簡単に蓋を開けられそうなキレイな箱というのが、実は「支え」なのではと感じ取れます。箱はコレクションにも思え、その後の人生でも、苦しいことを、きちんと分析し、心の中に置き場所を創れてきたように思えます。

受講者

とても嫌だったはずの記憶が、アートセラピストから線も色も透明感がありきれいで、心の中に大事にしまわれている、と言われあらためて画を見ると、本当にそう思えることに意外なほど驚きました。時代の影響で両親が経済的に苦しく、子供の自分が、そんな親に何もできないといういらだちや悲しさが、生まれた殺風景な風景と重なっていました。そんな記憶が実は自分を支えていると言われ、両親への想いも新たにすることができました。

テーマ-2　後悔を箱に入れるとしたら—2

意図

人には、それぞれ後悔があります。どんなイメージとしてそれを心に持っているかは、未来に大きく影響します。その持ち方を認識することで、今後の扱い方を幸せな方向に持っていくことができます。きちんと「後悔」を知ることは、何かをきっかけに、過去が全部自分の敵になっていくような思いから、自分を守ることができます。いつも人生を楽しめない人は、過去からの後悔が今を食いつぶしています。

男性 20代

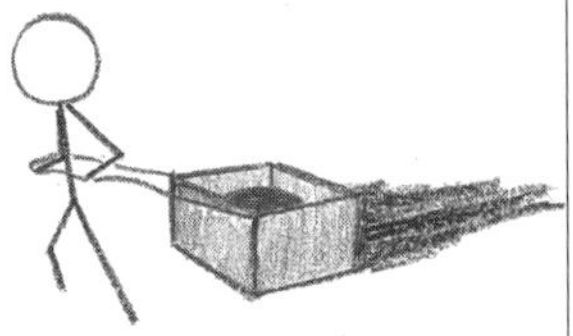

アートセラピスト

後悔をとてもはっきりと濃く認識しています。きっといろいろあるのでしょう。顔がなく、人体が線だけで立体感がないことから、現実の解決には責任は持ちたくないとの思いも感じられます。箱に滑車がなく動きにくそうで、否応なく、持たされている感じもします。箱の影が強く後方に描かれ、過去に本人を引き戻しています。描くことでこの重さを認識し、いい対人関係と様々な体験を増やすことで、この思いが軽減されていきます。

受講者

迷いのない描き方、前に進もうとしているのか、もしくは、進みたくないのかもしれないのでは（進まない方が考えなくていいので、楽という）とアートセラピストの方から聞かされ、あらためて、自分でも気づかない自分がいるかも知れないと思った体験でした。いろいろありますが、今は、勉強が思うようにはかどらないことに、もっと早くやっていればと後悔することが増えています。

テーマ-3　土下座

意図

「土下座」は、度々テレビで聞く言葉ですが、特に女性にはあまり馴染みのないものです。個人的にも関心があり、テーマにしました。叱られても、どこか「でも、こちらにはこちらの事情があって、分かってほしい」という理由があるかと思います。その事情を一切言えず、ひたすら謝るというのは、日常生活では特に難しいものです。

女性 50代

アートセラピスト

土下座は、相手の怒りを少しでも治めるための、分かりやすい形での陳謝の方法のひとつだと思います。が、この画は明るく、多様な色が多様な想いを反映しているようです。怒っている相手に事情を説明しようとして逆に怒りをかうことが多い中で、「今は土下座をした方がいい」と納得できているところから来る明るさでしょうか。女性は、物事を長い時間軸で判断することが多いものですが、男性はどちらかというと「今目の前で起きていることの是非」を重要視しているように思います。画の中心は空白で、ハリネズミの形のようにも見えることからすると、ご本人も内心はやはり「ここまで叱られなくても」と怒っているのでしょうか。

受講者

親しい女性友達と年末の食事会を行い、つい帰りが遅くなった時のことでした。家族の心配も分かりますが、時間を忘れるくらい楽しかったのです。夜も遅く、ここは「謝る」しかないと思いました。家族だって、そういうことはあるはずなのに、「なぜ私だけが」と思いましたが。土下座をすれば、楽しかった時間を大事にできるとも一瞬思いました。セラピストから、「女性でできる人は少ないかもしれない、ご自分を大事にしている力の一つかもしれませんね」と言われ、納得ができて、何となくうれしい気がしました。

テーマ-4　親の嫌なところ

意図

「怖かった」「みっともなかった」など親に感じている感情の尺度が、他人への関わり方に深く影響し恋人やパートナーとの関係に、親から受けた心の傷が持ち越されます。向き合うことでその感情を受け入れ、「だから自分はどういう夫や妻や親になりたいか」の答えが見えます。親を客観視することで自分の資質が自由に動けるようになります。嫌なところが、未整理のまま温存されると、抑制が効かなくなります。自分にとってどんな親だったのかから、心の安心感が組まれていきます。

男性 50代

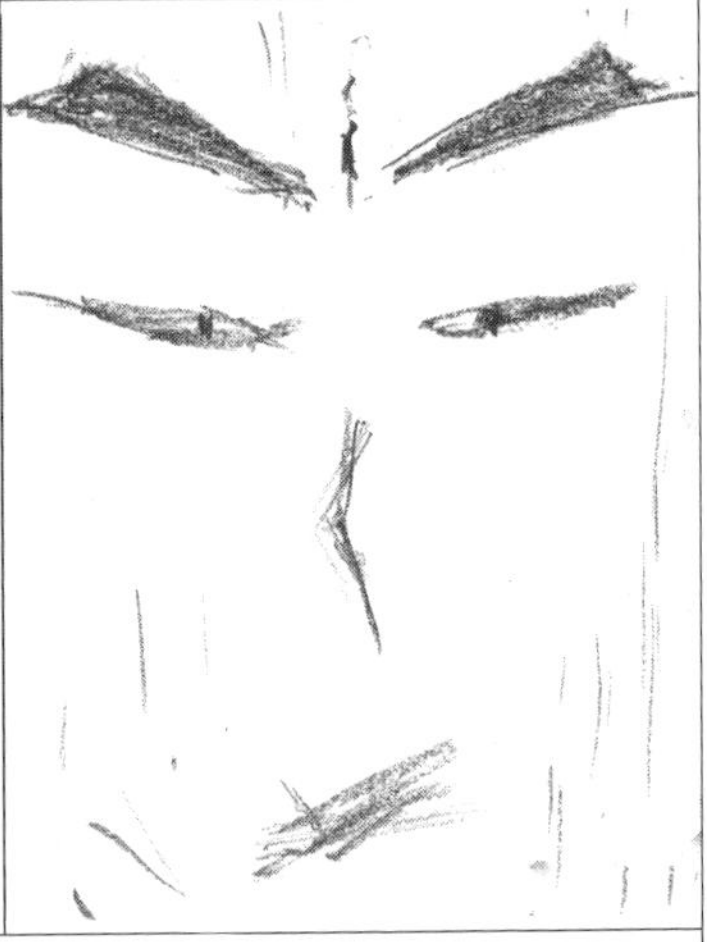

アートセラピスト

顔の輪郭や身体が描かれず、ひたすら表情の怖い雰囲気で圧を強く感じます。身体が描かれていないことから、気分的で親の怒りに整合性がなく、その分、本人が対応できないこともあったのではと思えます。真ん中に顔のパーツが集まり、歪んだ口元には単発的でない継続した怒りを感じます。いつもこの父親を意識して生きている一方で、父親とは関係なく本人自体の怒りが重複しているように思えます。

受講者

思わず、画用紙いっぱいに親の顔を描いたことに自分でも驚きました。表情があまりにリアル、このテーマに年齢の割に心の余裕が感じられず「根が深い」と言われました。ずっと親の嫌なところが軽減されず、それは自身への怒りを分かりやすく親に転嫁し続けているからかも知れません。特に目や口元といった人に伝える部分のきつさは、親に限らず人から何かを言われるのは嫌かも知れないとの指摘も少なからず納得です。

テーマ-5　キッカケ—1

意図

きっかけは、人それぞれです。慎重に様子を見ながら、あとあと後悔をしないような出会いにする場合と、その時の情熱やタイミングで何かを始める人もいます。どちらも出会いを自分でいい方向に、成長させることができる人は「きっかけ」を大事に記憶できています。

女性 40代

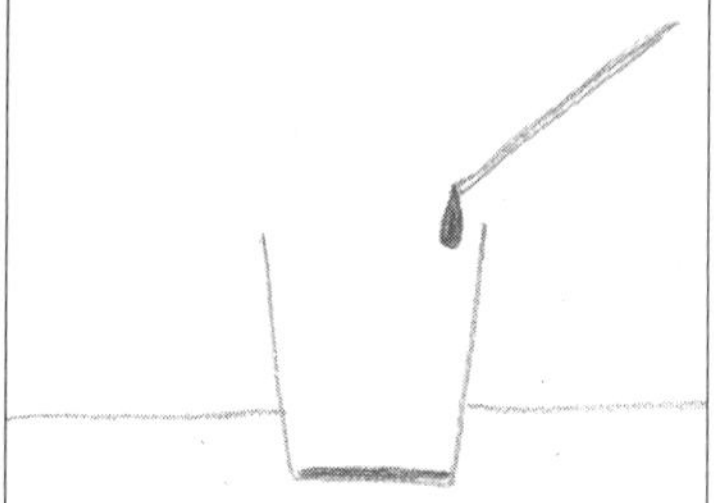

アートセラピスト

透明なガラスのコップに、自分の想いを確認するためにスポイドで入れているようです。コップが水平線よりかなり上に出ていることから、ご本人の言うように前に動くことは、すでに決まっていたのでしょう。スポイドから雫が落ちる感じは、静けさがあり、決意のための自分なりのセレモニーにも思えます。

受講者

アートセラピストの方から、静けさがあり抽象性が高い（感情が整理されている）と言われ、嬉しいです。私は、突破したい気持ちと、それを怖れる気持ちと両方あったと思います。自分の直感を信じる時と、信じてはいけないのではないかと思うことがありましたが、無意識では何かを信じていたのだと画を見て思いました。 一滴一滴コップに雫が溜まっていく、きっかけを待っている自分、考えている自分。少しずつでも、前に行きたい感じ、画が明るく、ホッとしました。

テーマ-6　キッカケ—2

意図

きっかけは、人それぞれです。慎重に様子を見ながら、あとあと後悔をしないような出会いにする場合と、その時の情熱やタイミングで何かを始める人もいます。どちらも出会いを自分でいい方向に、成長させることができる人は「きっかけ」を大事に記憶できています。

女性 50代

アートセラピスト

くったくなく、「あ、これだ！」と思った時の気分がそのまま表されています。スイッチを入れた瞬間に明るくなる、この直感的なタイミングを掴むことができるのだと思います。ごまかさずに生きてきた人は、自分のひらめきを信じることができます。電球の傘などは、描かれていないことで、前後を考えずというイメージもありますが、中央に迷いなく描かれていることで、本人がこのひらめきの力でいい人生を歩んできたことが窺えます。

受講者

「とても雰囲気が出ているので、実際に電球をつけた体験はありますか」、とアートセラピストの方に聞かれました。より若い世代は、あまり体験が無いことに気づきました。部屋に電球がパッとついて、その瞬間に明るくなる、そんな感じです。どうしようか悩んでいて、でもある瞬間に「やってみよう！」という感覚になります。その感じが子供の頃に家に帰った時に、親が電球をつけてくれた感じにそっくりで、夕方の部屋・電球、これが自分の幸せな瞬間だったのではと思いました。

テーマ-7　キャッチボール

意図

キャッチボールは、現在の対人関係を象徴するテーマです。それが苦手、うまくいかない、もしくは相手がいない、などのことが見えてきます。未来に向けて、自分をどう変えていけばいいかが分かりやすくなります。人生とは、家族のキャッチボールから、他人とのキャッチボールに移行していきますが、生まれた家族間での心の違和感がずっと続くと、今の問題を先送りしがちにもなります。

女性 50代

アートセラピスト

ひと昔前の空気感が溢れていて、見ていて心が和みますが、距離を置いて遠巻きに見ている立ち位置が感じられ、ご本人のコメントが理解できる気がします。女性はその機会はあまり無かったでしょうから、父と息子だけの世界も感じます。右利きの人は左手にグローブをつけますが、冷静にそれが描かれています。いいことですが、人間関係に冷静過ぎる、ちょっと人と距離感を持ちやすい感もあり、時には、我儘を通すために、人の間に割って入る積極性もあればもっと楽しい人生になると思います。

受講者

この画に限らず、私の画は、線が細かったりなどの描き方から、アートセラピストの方から自分から人への働きかけることに遠慮がちだとのことでした。本当にそうで、いつもこう言えば良かったとか、あとで後悔することや損な役をすることが多いです。

テーマ-8　巻き込むと巻き込まれる

意図

人間関係は、その数を増やすことも大事です。しかし、自分の理想通りに、行くことはなく、何時でもストレスが生じます。このどちらも同根であること、いい意味での妥協の必要性を認識できます。心の強さというのは、ある意味で、この巻き込まれる・巻き込むから起きる不安を、自分が少しずつでも、適度な自己主張をし、こなしていくことで育まれます。

女性 40代

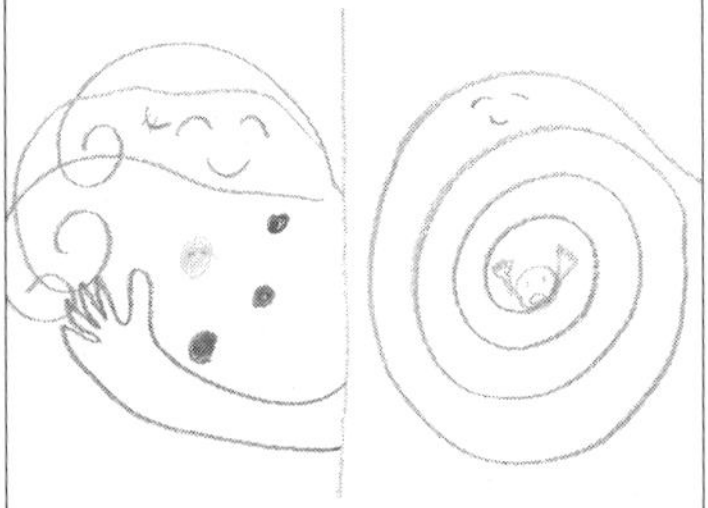

アートセラピスト

人間関係は、巻き込むつもりが巻き込まれていたり、その時々の状況で、感じ方が逆になります。巻き込まれる方の画は、顔がとても可愛く、妥協できる範囲を理解できているように思います。どちらも周辺の画の表情、巻き込む側（自分）、巻き込まれる側（他人に）がほぼ同じです。両方ともに線描きで笑顔であり、立体的ではないことから、他人や自分との深い関係を避けているとも思えます。

受講者

全く別の感じを思い描いたつもりですが、アートセラピストの方から両方がそっくりですねと言われ、「そうなんだ！ 巻き込むも巻き込まれるもある時から一緒のように、どちらも渦の中に入ることなんだ」と腑に落ちました。巻き込んだつもりが巻き込まれ、だからストレスが全くない状態は現実にはないのが自然なのだとも思いました。

終　章——飛び立つ鳥のように

特別なスキルを持っていても、それを生かして活躍しているという方々の話はありそうでそれほどはない話です。

どこかに属せば、ある程度は楽に自己表現ができますが、会社に自分を活かす風土があるかが大事になります。

まずは仕事の前に家族それぞれの立場を理解できなければ、理解力や説得力が高いとは言えません。苦労を我慢するだけでは幸せに限界があります。自分の人生に必要な項目を知り、手に入れるための努力を積み重ねるプロセス自体が、幸せへの道のりです。

それを理解する同伴者が近くにいるかどうかも大切です。

協調とは、自分の心にお互いが、うそをつかない状態です。そういった生き方を共有する者同士の出会いが、今後は増えていきます。

気力も体力も、いずれは落ちます。そんな未来を、より快適に生きる環境作りが、すぐにでも必要です。

また、寛大ではない人は寛大ではない人が好きという現実もあります。幸せを外側に探すのではなく、時間をかけて自分の声に添って築き上げる。その人ならではの、物の考え方や価値観が、自分にも他人の目にも映し出されていきます。

自己表現には、ある種の訓練が必要です。

人前で画を描くことは、まず、そんな自己否定や自己防御に自分が慣れ過ぎてしまったことを知り、内面をセラピストと共有するという、とても効果的な自己表現の場となります。描くにつれ、そんな自分にどんどん気づくことができます。気づくことが、自分の幸せへの言動に向かうスタートになり、自己表現を安全な場で繰り返すことで、実践でのコミュニケーション能力が養われます。

アートセラピーは、実は誰もが必要としている他者の前での自己表現能力を育みます。

私が生まれた山では、幼い頃、山頂から、竹を半分に割ったものを繋げて、各家の台所に水が引かれていました。落ち葉やゴミがその竹に積もるので、大人達が時折掃除をしていたのを覚えています。水が口に入るまでの流れを見ているということでしょうか。水瓶の汚れだけを取っても、解決はせず、その繰り返しになります。面倒でも上流にさか上り水源の汚れの原因を知る必要があり、それは心の健康の仕組みと同じです。

私達が何らかの理由で、徐々に周囲や社会との繋がりを絶っていくと自分を見失っていきます。それなりの繋がりが減り、家族だけが残った場合、そこに全エネルギーが注がれるために、緊張状態が生まれます。

ちょっとした一言が全てを嫌にし、他人との相対性が見失われ、思い通りにならないストレスや怒りは、限界がなく膨らんでしまうことがあります。どんな道を選んでも人は後悔します。しかし、その選んだ道から、ささやかな幸せ感を「開拓」し続けることが大事です。人はそれぞれ「一生」という自分のピラミッドを持っています。山の麓《ふもと》での出会いは偶然が多く、山頂にいくにつれ、必然の出会いへと変化します。自分で作ってしまった偏ったこだわりと闘いながら山頂へと登っていきます。視界が開け、新たな希望が生まれ再生されていきます。

自分と人を、無理なく楽しい方向に繋がるよう意識することが、一人一人が望む未来を掴む生き方となります。

黒須 美枝

二〇一九年十二月

著者プロフィール

黒須 美枝（くろす みえ）

1953年　高知県生まれ
1975年　白百合女子大学卒業
1986年　画廊入社後アートセラピーの研究を始める
2004年　アートセラピストアカデミー㈲設立
2006年～2010年　池袋コミュニティカレッジにて講座
2014年　白百合女子大学特別講座
2015年　画家として個展（銀座）
2018年　上野の森美術館「日本の自然を描く展」入選

日本芸術療法学会 会員

アートセラピストとして約25年のキャリアを有し、アートセラピー研究、普及のリーディングパーソンの一人。医療関係者ではないので、心の自己コントロールができる、ごく一般の方を対象にしている。日頃から「自分とは何か。何がしたいのか」という意識を持つことで、心の健康を築くことを提唱している。

クロスメソッド　一人一人が望む未来を掴む

2020年２月15日　初版第１刷発行

著　者　黒須 美枝
発行者　瓜谷 綱延
発行所　株式会社文芸社
〒160-0022　東京都新宿区新宿1－10－1
電話　03-5369-3060（代表）
03-5369-2299（販売）

印刷所　株式会社フクイン

ISBN978-4-286-21117-6